中华 爱国
人物故事
ZHONGHUA AIGUO RENWU GUSHI

鞠躬尽瘁
死而后已的诸葛亮

楚桥 孟露 编著

吉林人民出版社

图书在版编目(CIP)数据

鞠躬尽瘁死而后已的诸葛亮 / 楚桥, 孟露编著. --
长春:吉林人民出版社, 2011.5
　(中华爱国人物故事)
　ISBN 978-7-206-07883-5

　Ⅰ.①鞠… Ⅱ.①楚… ②孟… Ⅲ.①诸葛亮(181~
234) – 生平事迹 – 通俗读物 Ⅳ.①K825.2-49

中国版本图书馆CIP数据核字(2011)第075697号

鞠躬尽瘁死而后已的诸葛亮
JUGONG-JINCUI SI ER HOU YI DE ZHUGE LIANG

编　著:楚　桥　孟　露
责任编辑:丁　昊　　　　　封面设计:七　洱
吉林人民出版社出版 发行(长春市人民大街7548号 邮政编码:130022)
印　刷:鸿鹄(唐山)印务有限公司
开　本:670mm×950mm　　　1/16
印　张:8　　　　　　　　字　数:70千字
标准书号:ISBN 978-7-206-07883-5
版　次:2011年5月第1版　　印　次:2023年6月第4次印刷
定　价:35.00元

如发现印装质量问题,影响阅读,请与出版社联系调换。

总 序

胡维革

　　《中华爱国人物故事》是一套故事丛书。它汇集了我国历史上80位古圣先贤、民族英雄、志士仁人、革命领袖、先进模范人物的生动感人史迹，表现了作为中华民族优秀传统的伟大的爱国主义精神。

　　爱国主义是人们对于"生于斯、长于斯、衣食于斯"的祖国的一种神圣感情，是人们对于自己民族的一种强烈的责任感和使命感，是感召和激励整个中华民族的一面永不褪色的旗帜。在漫长的历史上，爱国主义一直激励着中华儿女为祖国的独立、统一、进步和繁荣而英勇奋斗。从伟大的思想家教育家孔子到统一全国的千古一帝秦始皇，从秉笔直书著《史记》的司马

迁到鞠躬尽瘁死而后已的诸葛亮,从伟大的浪漫主义诗人李白到精忠报国的民族英雄岳飞,从七下西洋传播友谊的郑和到抗击倭寇的民族英雄戚继光,从苟利国家生死以的林则徐到为变法流血的第一人谭嗣同,从威震敌胆的抗联将军杨靖宇到人民音乐家聂耳与冼星海,从踏遍青山人未老的李四光到万婴之母林巧稚,从县委书记的好榜样焦裕禄到情系雪域献身高原的孔繁森……都表现出了强烈的爱国主义精神。正是由于热爱祖国的人们前仆后继地奋斗,国家和民族才得以生存,历经一次次历史危机关头而能转危为安,走向兴盛和富强,从而屹立于世界民族之林。爱国主义是鼓舞中华儿女历经忧患、跨越沧桑、百折不挠、自强不息的伟大力量,它贯穿于中华民族的整个历史,并有力地凝聚着五洲四海的中国人。

爱国主义是一个历史的范畴,在社会发展的不同阶段、不同时期有着不同的具体内容。革命时期,需要我们为祖国的独立自主出生入死;建设时期,需要我们为祖国的繁荣富强增砖添瓦;在全国各族人民团结一心建设富强、民主、文明、和谐的社会主义现代化国家的今天,我们要争做一名新时期的爱国者。新时期的爱国者要有强烈的民族自尊心和自豪感。民族自尊心和自豪感是任何时期任何爱国者都必须具备的情感。民族自尊心能增强我们自立向上的恒心,民族自豪感能树立我们建设祖国的信心。要树立"祖国高于一切"的崇高信念,为了祖国和人民的利益不惜抛却个人的利益,甚至不惜牺牲个人的生命。要对立终身学习的理念,拓

宽自己的知识面，广泛吸收新知识新技术，完善自身的知识结构，更新学习知识的方法与理念，从思想上、知识上充分武装自己，为祖国的繁荣昌盛贡献力量。

　　爱国主义思想的继承和发扬，是关系到民族盛衰、国家兴亡的根本问题。一代代人爱国主义思想情操的形成，需要不断地培养。培养爱国主义的一个重要途径是向爱国主义的英雄人物和典范事迹学习。这套丛书的出版，对于人们向英雄和先进人物学习，特别是对于在中小学生中进行爱国主义教育，将可提供一些生动的教材。祝愿此书出版发行成功，为培养"四有"新人作出贡献。

于 2011 年 4 月 23 日

世界读书日

中华爱国人物故事

目录
CONTENTS

目 录。
CONTENTS

少年才子

诸葛亮踏进了设在襄阳城南二里、岘山脚下的学业堂。

寒窗苦读的生活开始了。每天清晨，雄鸡报晓后，诸葛亮便叫醒弟弟诸葛均，一同到岘山上去学习。这很快被细心的老师黄承彦知道了，他感到这是个温故而知新的好方法，便号召学生们向诸葛亮兄弟俩学习。

不久，黄承彦又发现诸葛亮是个天资很高的学生。他读书的方法很特殊，不像一般的学生那样死记硬背，而是观其大略，记其精粹，有过目不忘的能力。如要吟诗作赋，命题一出，诸葛亮便能即席而起，信口而出，并且文简意明，高雅隽永，字字句句都能表明他是一个文思敏捷、才华横溢的翩翩少年。

更使黄承彦惊异的是，这个平日沉默寡言、喜怒从不外露的诸葛亮，竟不顾刘表独尊儒术的三令五申，在夜深人静之时，如饥似渴地攻读诸子百家的著作。黄承彦打心眼里喜欢上了这个不同凡响的学生。

年考就要来临。诸葛亮突然向黄承彦提出要参加最高年级考试的要求，黄承彦居然答应了他。消息传出后，立即轰动了整个学业堂。学生们七嘴八舌地议论，他们都等着要看诸葛亮的笑话。

诸葛亮对这一切视而不见，充耳不闻。年考那天，他沉着冷静地走进考场，接过考卷便一挥而就。考试揭晓，诸葛亮竟以最优异的成绩名列前茅。

这事很快传到了刘表那里。他派人来到学业堂，给

隆中

诸葛亮和黄承彦下了一道大红请柬。原来，刘表要聚会荆州名流，专门为他们师生摆下了"才子宴"。诸葛亮感到受宠若惊。

第二天，他高高兴兴地去邀黄承彦老师一同前往赴宴，走到窗下，见老师正在与他非常崇敬的伯父庞德公边说话边下棋，诸葛亮便伫立在外等候。只听庞德公说："我看刘表这个人真是越来越华而不实了。"

诸葛亮吓了一大跳。又听黄承彦老师说："庞公之言是也。眼下正值国家多事之秋，天下已被弄得四分五裂，比战国时期还要乱，可刘表如今拥兵数十万，有地数千里，却不思进取，一统华夏，还要摆什么'才子宴'，让人为他歌功颂德！由此看来，他是个沽名钓誉、好大喜功、昏暗庸俗的小人。长此以往，只怕荆州不久便属他人所有了！"

诸葛亮一向崇敬刘表，闻这一席话惊讶不已。眼见为实，耳听为虚。经过反复的思想斗争，他迅速地离开老师窗下，匆匆赴宴去了。

果然，刘表并未把这个才子放在眼里，在座的社会名流、达官显贵也都没把诸葛亮当成一回事，他们争先恐后地为刘表歌功颂德。那些俗不可耐的吹捧和丑态百出的阿谀谄媚，使诸葛亮如坐针毡。

高高在上的刘表得意扬扬，这时他忽然想起了为自己充当钓饵的布衣小子诸葛亮，便举起酒杯高声道："今日之宴，应为才子诸葛……"

人们这时发现，才子的坐席是空的，诸葛亮不知何时，已罢宴而去。

刘表非常生气，认为诸葛亮寄他篱下，竟在大庭广众之中不顾他的面子，准备要惩治这个不知天高地厚的浑小子。

刘表的儿子刘琦也在学业堂里读书，他的生母死后，继母蔡氏为了能让自己的亲儿子刘琮代兄继承父业，便总是当着刘表的面跟刘琦过不去。刘表知刘琦冤枉，却又怕得罪了大权在握的小舅子蔡瑁，便听了诸葛玄的建议，送刘琦进了学业堂。刘琦和诸葛亮是好朋友，非常崇拜他。听说父亲要惩办诸葛亮，立即想方设法为朋友开脱，还请出自己的亲姑母、黄承彦老先生的夫人为诸葛亮说情，这件事最后才不了了之了。诸葛亮心里很感激刘琦。十年以后，他救了刘琦一条命。

诸葛亮像

隐居隆中

　　自从刘表的形象在诸葛亮心目中动摇之后，他更加崇拜德高望重的伯父庞德公。他终于明白了为什么刘表三番五次地拜请庞德公，伯父却始终不愿出来辅佐刘表的道理。他决心拜伯父为师，做一个有志气的男子汉。

　　庞德公听了诸葛亮的心愿，没有说行或不行，只是把儿子叫到跟前："民儿，带你内弟到南山打柴去吧！"说罢，便转身入室。

　　诸葛亮高高兴兴地跟着姐夫到南山上砍柴去了。这一天，可把诸葛亮整苦了，累、渴、饿，他咬着牙顶过来，而且手脚都磨出了血泡，痛得他几夜都不得安宁，但他却始终没哼一声。不久，诸葛亮第二次来向庞德公表白求师的心愿。庞德公叫来侄儿庞统，指着门前的一块地对他和诸葛亮说："清明前后，种瓜种豆，你兄弟二人今天代老夫把这块地犁出来吧！"说罢，搬把椅子坐到

门外晒太阳去了。

庞统和诸葛亮谁都不会套牛，更别说扶犁了。怎么办呢？两人一合计干脆用镢头刨吧！于是，本来一会儿就能犁完的地，他俩却整整刨了一天，累得不行。这次，诸葛亮从劳动中悟出了为什么满腹经纶的伯父总是躬耕陇亩、注重农桑的道理。

诸葛亮再一次拜见庞德公时，发现他和衣躺在床上，鞋都没脱。他怕惊动了他，先是恭恭敬敬地站在一边，后来想到上了岁数的人这样睡觉容易着凉，于是上前轻轻地给庞德公盖上被子，又单腿跪在床边慢慢为他脱掉鞋子。这回庞德公醒来了，看到诸葛亮不由心头一热，满意地微微点了点头，不等诸葛亮开口就带他来到平时从不让人进的后院。庞德公在一个周围堆满了秦砖的巨大磨石前停下来，然后拿起一块砖，认真地在磨石上磨了起来。

诸葛亮开始感到莫名其妙，过了一阵发现不远处有一个非常大的案子，上面整整齐齐地排放着已经磨好的秦砖。他走过去一看，每块砖上都编了号。当他拿起"壹"号砖观看时，奇迹出现了，只见上面刻着两个苍劲有力的汉隶大字"诗经"诸葛亮的心被震撼了，一下跪在庞德公面前说道："师傅请教我！"

庞德公这才语重心长地点头道："要做我的学生，就

得先学会做人，做人和做学问一样，是磨炼出来的。"

就在诸葛亮刻苦攻读、学业大进的时候，他那一心为刘表在豫章开辟领地的叔父诸葛玄，向刘表飞报来一封封告急文书："豫章被围，速派救兵！""粮断兵变！"如此火急的呼救，刘表却作出了"宁丢豫章，不乱荆州"的决定。诸葛玄被俘，却硬是抱着"士为知己者死"的信念，被朱皓杀害了。

悲痛万分的诸葛亮彻底看透了刘表。他从中领悟到一个铭心刻骨的道理：贤才必须投靠明主。

到什么地方去呢？诸葛亮来请庞德公指路。庞德公认为刘表虽然不可依，但荆州这块地方尚可保持十年之内的安宁，倒是求学炼志者的一个难得的地方。他指着

古隆中

襄阳城西二十来里处有一山隆然而起，说可在那里结草为庐，耕而学之，学而炼志。

诸葛亮于是左好友们的资助下，带领全家来到了当时还是荒山野岭的隆中定居，结草为庐，开山为田，开始了他躬耕陇亩、博览群书、游学访友的生活。

春风化雨，万物更新。转眼之间，麦浪翻滚，诸葛亮沉浸在丰收的喜悦之中，他叫全家作好明日开镰的准备。

第二天一早，太阳还没出来，诸葛亮兄弟二人已把麦子放倒了一大片。

这时，一个老农夫挑着一担斗笠从躬耕田边经过，不由好奇地望着这两个年轻人，忍不住叫道："喂——割麦的小哥，开镰也不看天气，今天哪能割麦！"

诸葛亮听老农夫这么一嚷，抬起头看了看天，然后不解地问道："老伯，您老怎么啦，这天气不是很好吗?!"

老农夫拍了拍脑袋："看样子你们是读书人。但是农家都知道今天不能割麦，我也说不出为什么，反正这是农家的规定。今天有雨，信不信由你。"

诸葛亮望望霞光万道的天空，说这位老伯可是想雨想迷了心窍，大白天说梦话。

老农夫听了很生气，干脆把斗笠担子一放，找个石

头坐下来，冲着诸葛亮说："好，就冲你这句话，老汉我今天就坐在这看你们的好戏，看是我老汉大白天说梦话，还是你不听老人言，吃亏在眼前！"

诸葛亮哈哈地笑了起来，转身继续割麦。老农夫见状，反而坐不住了，走进躬耕田，动手帮他们将割倒的麦子捆起来。就在地里的麦子快割完时，山冲里起了风。老汉忙跑到诸葛亮身边，焦急地说道："冲内有风，冲外狂风。小伙计，你别再跟我赌气了，眼看你一年的血汗就要白流！快跟我把捆好的麦子搬到高处去堆起来吧！"说罢，抱起捆好的麦子就往高处跑。

诸葛亮看着老农夫那紧张的样子又好气又好笑。这时风紧了，霎时，乌云滚滚而来，一道闪电划过，雷声四起，接着瓢泼大雨倾空而下。诸葛亮还没反应过来，大雨已把他淋了个透。不一会儿，山洪冲了下来，把他二人割倒而老农夫还没来得及捆绑的麦子冲了个一干二净。他目瞪口呆地站在田里，羞愧得无地自容。他想起了孔子关于"吾不如老农""三人行必有我师"的教导。他省悟了，忙来到老农夫面前，长揖施礼道："请老伯教我！"

老农夫叹口气道："这只不过是我们这里传下来的千年农谚中的一句，'早上放霞，等水浇茶'，是说一定有大雨。'晚上放霞，干死蛤蟆'，就必定是百灵百验断定明天是好天气的方法。"

　　诸葛亮听罢惊异地说："天哪，没想到农谚还有这么大的学问！老伯，弟子就拜您为师了！"

　　从此，诸葛亮便经常向这位老农夫求教学习，老农夫还把他带到懂得农谚更多的农夫那里学习。不久诸葛亮就记了一大本农谚，这又逐渐打开了他研究天文地理的通路。如果没有这些知识，诸葛亮日后在赤壁大战中，怎敢"草船借箭"，又怎能巧妙地瞒过周瑜，借来神奇的东风火烧战船，最后平安地回到刘备身边呢？

诸葛草庐

拜师游学

一天早晨，当诸葛亮醒来时，九岁的小书童诸葛子青告诉他，黄老先生来过，翻看了他的手记，匆匆写了几个字就走了。诸葛亮忙到书案上一瞧："欲求战阵通，速拜庞德公。"他连忙上了路，赶往庞德公隐居的鹿门山。

他将自己批注的《孙子兵法》和绘制的阵图呈给庞德公看。

庞德公道："兵不在多而在精。对于兵法，一个人学精了就可以教成十个人；十个人学了就可以教成百人，百人教千人，千人教万人。这样的军队就一定比那百万之师的乌合之众强得多。盖天下古今之战不可胜数。能达纵横捭阖之妙，贵在一个'变'字。然万变不离其宗，其妙全在'计'、'谋'二字。"

诸葛亮虚心地求问，他的求知精神终于使庞德公将自己花了半生时间研究兵法的成果——从八卦到八阵的推演——交给了诸葛亮，他希望诸葛亮能够据此推演出完善的八阵图本。他甚至没有将自己的成果传给亲生的儿子，这令诸葛亮万分感动，决心不负庞德公的巨大希望。

回到隆中，诸葛亮把自己关在了屋中。经过他日日夜夜的苦心研究，加上黄承彦的点化，八阵草图绘出来了。庞德公告诉他："八阵通不通，须拜司马公！"

司马徽，字德操，人称"水境先生"，隐居在襄阳西南百里外。诸葛亮来到了南漳水境山庄。司马老先生用了很长一段时间带领诸葛亮去游历名山大川，尤其是那些两军对垒、兵家鏖战、成败于刀枪剑戟之下的古今战场。

南漳游学使诸葛亮受益匪浅。特别是管仲那首创的、实行兵民合一的"作内政以寄军令"的方针，使诸葛亮朦胧地意识到这可能是完善八阵图的一条途径。

一日，庞德公、黄承彦、司马徽三老聚会，谈到了汝南灵山的酆公玖，此人曾预言，百年之内，必是兵家此起彼落的时代。他们打算请酆公玖助诸葛亮一臂之力。

诸葛亮一路风尘赶到了汝南灵山。酆公玖年事已高，正在闭目养神，对诸葛亮道："老夫这里是道家清静之地，一向不收学生，你如愿在灵山打柴挑水度日，尚可

温饱无忧，要求学问，还是到别处去吧，不要误了锦绣前程。"诸葛亮一下落到进退两难的地步。这时酆公玖又说话了："灵山虽小，倒也清静安定，不似尘世纷纷攘攘。打柴挑水虽说劳筋动骨，却可健身强体。考虑好了吗，卧龙先生？"

听到此言，诸葛亮不由倒吸了一口凉气。老先生说出"卧龙先生"四个字，分量可不轻啊！他为什么不接司马公的信，却要留自己打柴挑水呢？一定是想先观察自己。诸葛亮忙磕头道："谢老前辈收留。"

自此，诸葛亮早起在灵山砍柴挑水、打扫山门，晚睡在小室中温故知新，日月交迭，半年过去了。酆公玖对诸葛亮从来不管不问，视而不见。

一天，诸葛亮打柴归来，见山门右边墙上写了一个斗大的"火"字，他没有在意。待他挑水回来，山门左边墙上又出现了一个斗大的"水"字，这下引起了他的注意。从此，他每天对着"火""水"二字出神，想把它们写在山门上的意思弄明白。这天，他正对着二字琢磨时，忽听到背后有人道："这叫视而不见，见而不闻、不问，兵家之大忌也！"

诸葛亮猛地回转身来，见是酆公玖，忙拜倒在地说："弟子才疏学浅，望恩师赐教！"

酆公玖对诸葛亮说："水与火，日常见之物，却不为人们所思。然水火无情，且不相容。你若把无情而又为人们视而不见的水与火融于八阵图中，水可淹七军，火可生炎烧万马千军。八阵添水、火即成绝阵，那便无敌于天下。"

酆公玖非常赏识诸葛亮，将自己一生所著《三才秘录》《兵法阵图》《孤虚相旺》《大战奇观》等都赠予诸葛亮。

诸葛亮灵山得益师。不久，他便将水、火二阵发展到出神入化的地步。他一生用火阵打了许多漂亮仗，如火烧博望、火烧新野、火烧战船、火烧藤甲兵。难怪后人赞诸葛亮一生皆是火。

南阳卧龙冈诸葛祠

卧龙迎亲

自从诸葛玄把大侄儿诸葛瑾的夫人接到荆州照料诸葛亮、诸葛均两个小兄弟后，诸葛瑾夫人便一直担当着"长嫂似母"的重任。如今，诸葛亮都二十好几的人了，整天却只知道做学问、读圣贤书、吟诗作赋摇头晃脑，谈起兵法战阵没完没了，田间耕耘也能身体力行，会朋访友、谈古论今可达忘我之境，一切都好，就是从来不想自己的婚姻大事，让诸葛瑾夫人伤透了脑筋。她知道二弟是个有远大抱负的人，在婚姻问题上不是挑，而是要找一个志同道合的知己，一个贤内助。他求才不求貌，正是为了要干一番轰轰烈烈的大事业。可这事也不能总耽搁呀，他的那位贤内助知音到哪去找呢？

一天，诸葛瑾夫人忽然想到黄承彦老先生可以帮她的忙。黄老先生不仅是诸葛亮的恩师，而且二弟敬重他，十分听他的话。拿定主意后，她就上路了。

　　黄承彦也曾有过两个儿子，都只长到几岁便夭折了。自从有了女儿，黄承彦夫妇真是提心吊胆，生怕再有不幸。他们按照襄阳的风俗，给女儿起了个卑贱的名字叫"阿丑"，希望她能因此长得健壮结实。阿丑姑娘倒真是无病无灾，而且从小就口齿伶俐，聪明过人，几岁即能"咿咿呀呀"地把《诗经》从头至尾背下来，乐得黄承彦老两口把她视为掌上明珠。不久，黄夫人去世，黄老先生就把女儿看得更重要了。

　　阿丑像她父亲一样，一通百通，成了一个知识渊博、满腹经纶、才高八斗、气质非凡的女子。只是阿丑身材长得矮小短粗，加上皮肤黑、头发黄，所以，都快二十岁的人了，还没有定亲。阿丑说什么一辈子不嫁，要嫁也给天下的女子做个榜样，非要争他个"女才郎貌"不可！把襄阳城搞得满城风雨。

　　诸葛瑾夫人来访，黄老先生高兴地接待了她，对她不停地夸赞诸葛亮道："论年纪，我是你家老二的长辈，且又有师生之谊。然而他毕竟是个青出于蓝而胜于蓝的天才，现在他的学识可比老朽渊博多了，见识也高明得多。他胸怀开阔，壮志凌云，融汇百家之说，贯通经史巨论，手握倒转乾坤之柄，胸有华夏江山万里，老夫已是不仅感到他后生可畏，而且是可敬可佩呢！哪像我家女儿……唉——"黄承彦长叹一声，又打开了为女儿婚

事烦恼的话匣子。他希望诸葛瑾夫人能帮他开导开导阿丑，打消那个"女才郎貌"的怪念头。

诸葛瑾夫人听罢，禁不住笑了起来："这岂不正是天生的一对，地成的一双吗！"黄承彦一愣，接着轮到他笑起来，乐得当即表示愿做月下老人，诸葛瑾夫人回答愿结秦晋之好。

谁知就在这时，阿丑姑娘突然走了进来，弄得二人措手不及，十分尴尬。阿丑红着脸却大大方方地说："请别见怪，诸葛瑾嫂嫂，你们的谈话我都听到了。您看，我就是这个丑样子，得跟他说清楚，最好还是请他屈尊来一趟。我可不管他什么卧龙飞凤的，到时候，谁愿意落他个'龙卧浅滩遭虾戏'的话柄贻笑大方呢？"阿丑一席话如无风之浪，把诸葛瑾夫人给说愣了。

原来，黄承彦一向非常喜欢诸葛亮，日子一长，无形中便产生了想让他成为自己女婿的念头。但这事可真不好开口，想来想去，黄承彦便硬着头皮将自己的心事跟崔州平、孟公威两个学生说了。二人一听，十分高兴，说就包在他们身上。二人来到隆中，见过诸葛亮，一边高谈阔论，一边千方百计往阿丑身上扯，想让诸葛亮对这姑娘产生兴趣。谁知诸葛亮竟没有一点反应，倒沉下脸指着二人鼻子道："想不到你二人不思进取，反背地里议论起恩师的女儿，真……，'后来黄承彦当着诸葛亮的面讲起女儿，诸葛亮也没有什么表示，黄承彦便劝阿丑死了这条心。阿丑听后只说了一句话："想不到，他原来也是一个只好求窈窕淑女的凡夫俗子！"

"原来如此。"诸葛瑾夫人听罢点了点头道，"二弟真是个书呆子，有眼无珠。看我回去教训他。"

山不转水转。诸葛瑾夫人在回隆中的途中暗暗打定了叫二弟在无意中去黄承彦家相亲的主意。她一到家便装出一副十分焦急的样子，对诸葛亮说："二弟，你恩师近来贵体欠安，心绪也不宁，你去住几日，陪陪他老人家，收拾收拾明天就去吧。"

诸葛亮一听，哪里还等到明天，当即辞别嫂嫂，带

襄阳城

上诸葛子青，连夜匆匆忙忙赶往襄阳城。

黄承彦没想到诸葛亮一大早就来了，断定他是来相亲，亲自迎出门去。诸葛亮见恩师红光满面，不觉诧异。黄老先生却待之以上宾之礼，摆了酒席，还拿出女儿的诗、文、字、画给诸葛亮看，说："近得一无名氏手迹，贤侄一观便知。"

诸葛亮看罢，爱不释手，激动得赞不绝口，心悦诚服地说："此人才气横溢，志在千里，其诗文字画皆在我辈之上，愧不如也！如能与之交游学问，实三生有幸。敢问恩师，此人高名上姓，家住何处，待学生前去登门求教，益长学识！"

黄承彦正将作答之时，老仆人风风火火地走进来，把他拉出了客厅。

聪明伶俐的诸葛子青这时忙过来小声对诸葛亮说："这些诗文字画都是黄家小姐的大作。"诸葛亮听了甚是惊异。

这时老仆人进来说黄老先生有点家事，请诸葛亮先到院中随便走一走。

诸葛亮信步来到后花园中，刚一迈进月门，一只狗猛地向他们扑过来。诸葛子青吓得转身就跑，诸葛亮也惊得连连后退。这时老仆人赶过来，呵呵笑道："别怕，诸葛先生，这是木头做的狗。"说罢，用手敲了敲狗头。诸葛亮惊奇地走上前去，想看看究竟，突然"嗯"地一声，一只猛虎从花丛中跳了出来，落在他们面前。子青大叫一声"我的妈呀"，摔倒在地。诸葛亮神色未定，却见老仆人在一旁微笑，心中也明白了大半。他蛮有信心地绕到老虎身后，用手去摸老虎屁股，老虎又"嗯"地一蹿。

诸葛亮惊叹地说："没想到，恩师还是个巧于制作的鲁班爷呢！"话刚说完，老仆人又哈哈大笑起来："先生错了，这是我家小姐做的木狗和木虎！"

"什么？姑娘做的？"诸葛亮失声惊叫起来。

老仆人正色道："先生不信到后院里去看看，还有更神的呢。诸葛亮被阿丑姑娘奇特的制作激动着，来到后院中，他无心浏览。兀地，一个发出声响、飞速旋转的庞然大物出现在他眼前。原来是一个水车轮子，一股不太大的水冲进一个个水斗里，水斗在水的压力下旋转。诸葛亮站在水车轮子前，显得很矮小。他被这惊人的壮观撼服了，看了半天，终于看出一点门道，把注意力集中到轴上一根长木头上，它伸进旁边一间屋子里去了。诸葛亮像发现了什么秘密，朝那屋子的门走去，一步便跨了进去，见一个人正在里面推磨。他急忙抱拳拱手道："请问大哥……"这时他才看出，这位"大哥"原来是个不会讲话的木头人，诸葛亮羞得面红耳赤。

木头人磨面也是阿丑姑娘的杰作。"没想到这姑娘竟

是个如此灵巧的人，难怪她以才选婿呢！"诸葛亮正想着，忽听外面有人呼唤，不知发生了什么，忙跑了出去。只见一个姑娘正满头大汗、摇摇摆摆地推着一辆小车朝磨房走来，她控制不住，一时惊慌失措地叫了起来。诸葛亮刚奔到小车前，小车就一下子翻了，装在车上的麦子撒了一地，姑娘也摔倒在一边。诸葛亮照理该帮姑娘一下忙，可他却被眼前的这个能向前移动的木头怪物吸引住了，不知是什么东西，就旁若无人地观察起来。

倒在地上的姑娘是丫鬟银铃，她装作有些生气的样子说："这叫'木牛流马'，是我家小姐专门赶造出来叫那个什么卧龙先生看的。怎么样？你看得懂吗？"

诸葛亮一听，倒吸一口冷气，心想，阿丑这姑娘有

木牛流马

如此不凡的才智，实在令人敬佩。只是这特意赶造出来让我看的，未免小瞧我了，我今天若不看出个究竟来，也无脸再见阿丑姑娘了。

这时银铃带着些轻蔑的口吻说道："我家小姐说了，这'木牛流马'除了一个人能看懂八成以外，恐怕没人能看懂了。莫非你比小姐说的那个人还高明吗？"

诸葛亮一下给说气了，生硬地回答道："快去告诉你家小姐，休要欺人太甚！今日我要是弄不出个眉目来，誓不为人！"

诸葛亮一口气在后院里摆弄了半天，苦思冥想，终于找到一点窍门。他当即绘好了图样，又在图旁详细地加上注，他正兴致勃勃地想要去给恩师过目时，一个大胆而又明确的设想出现在脑海里。嗯，木头人磨面和木牛流马对于弥补八阵图中那静动之不足，不是再好不过的吗？这真是踏破铁鞋无觅处，得来全不费功夫。将来木头人磨面岂不是屯田积粮的好工具吗！木牛流马用到战场上，必将使敌人闻风丧胆，用于山地粮草的转运也十分便利。太好了！阿丑姑娘不正是自己梦寐以求的知音吗！他略一沉思，便把绘好的图纸留下，之后不辞而别，行色匆匆地回隆中去了。

到家之后，诸葛亮便请嫂嫂正式到黄家去提亲。他要骑上那神奇的木牛流马，去推动神州大地这盘大磨。

三顾茅庐

刘备和曹操一起灭了吕布之后来到许都，汉献帝准了曹操的奏章，不但拜刘备为左将军，还排了排辈分，尊称刘备为皇叔。

刘表的大舅子蔡瑁对刘备始终耿耿于怀，总是放心不下，把刘备看做眼中钉。蔡瑁加害刘备，刘备跃马檀溪落荒而去的消息，由徐庶带到了隆中。他拍案对诸葛亮道："弟已决定毛遂自荐，到新野去投奔刘备，辅助他干一番事业！"

诸葛亮听罢大喜，因为这几年他一直很关注刘备这个人，对他过去的所作所为虽然经过详细研究、分析，认为是一个不可多得的英雄，也可以说是个比较满意的仁德之主。可是，百闻不如一见，现在徐庶要去投奔他，真是难得的好机会。诸葛亮不仅赞赏徐庶敢说敢为的气魄，而且深深为徐庶那当机立断的大丈夫精神所感动。

他当即摆宴为朋友饯行。

徐庶来投，刘备非常高兴，一交谈，果然满腹韬略，便拜徐庶做了军师。

曹操派夏侯惇、于禁带领三万兵马杀奔新野来了，他们中了徐庶诱敌深入之计，几乎全军覆没。镇守樊城的曹洪不服气，摆了个八门金锁阵，带兵前来报仇。谁知徐庶不但轻而易举破了阵，还略施小计，连曹洪的老窝樊城也端了。只这两仗，徐庶的大名就威震曹营了。

刘备一生还没有打过如此的漂亮仗，对徐庶信服得五体投地，大宴三天为徐庶庆功。徐庶诚心诚意地说："我这点本事算不了什么。荆州比我高明的人还多着呢！不说别人，就说这襄阳城西二十里处的隆中山吧，就有一位杰出的人士隐居在那旦。"

刘备兴冲冲地说："既是名士，比军师如何？"徐庶饮罢一杯酒："他平时自比管仲、乐毅，我看他可以比作兴周八百年的姜子牙，旺汉四百载的张子房。"

徐庶的话说得大家惊愕不已。刘备谦逊地问道："请问军师，这个人到底是谁呀？"徐庶郑重地回答："他复姓诸葛，名亮，字孔明。"

刘备第一次听到诸葛亮的名字，心中有点不大相信，对徐庶说："那就请军师辛苦一趟，把他请来聚聚怎么样？"

徐庶先是一愣，继而把头使劲地摇着说："这样的人呀，只有主公亲自去请。至于他愿不愿意见面，肯不肯来辅佐主公，那就要看您的诚意如何了。连德高望重的庞德公都尊称他卧龙先生呢！"

"啊——"刘备恍然大悟，"莫非就是司马徽老先生说的那个卧龙凤雏吗？"

徐庶点头道："主公听错了。卧龙、凤雏是两个人，凤雏先生是庞统庞士元兄，卧龙才是孔明诸葛亮。主公若能把他请出来，汉室不愁不兴，江山不愁不得！"

刘备兴奋之至："听军师的，明日我就专程去拜请卧龙先生。"

徐庶在庆功宴上推荐诸葛亮后，急忙写了一封详尽的信，派人连夜送往隆中。

刘备尝到了启用人才的甜头，求贤的心更迫切了。第二天一早就带上他桃园三结义的兄弟关羽和张飞骑马离开新野，往隆中山而来。

隆中山上，诸葛亮接到徐庶的来信，正在与好友崔州平、石广元和孟公威商量。诸葛亮难以平静，就这么出山，心中很不是滋味，这可是关系到一生的事业啊！想来想去，他们决定先试试刘备。

诸葛子青来通报说，有三个骑马的人进山冲来了。

刘备转了几个弯子进入隆中山冲后，就听一个农夫

在田中唱道：

> 苍天如圆盖，陆地如棋盘。世人黑白分，往来争荣辱。
> 荣者自安安，辱者定屈碌。南阳有隐居，高眠卧不足！

刘备上前问那农夫，此歌是谁作的，农夫说是卧龙先生。刘备问明地址，便篊马来到茅庐。

刘备亲自叩动门环。许久，诸葛子青才懒洋洋地来开门。刘备温和地问道："我是刘备，特来拜见你家先生。"

子青道："先生一早就出去了。"

刘备忙问："先生到何处去了？"

三顾茅庐

子青回答说："行踪不定，不知何处去了。"

刘备问："什么时候回来？"

子青道："归期也不定。"

刘备听这么一说，深感惆怅，想等上一会儿，关羽、张飞则劝他先回去。刘备只得上马下山。

行了几里路，他们忽然看见一个身穿帛布袍、头戴逍遥巾，气宇不凡的人拄杖迎面而来。刘备心想："看样子一定便是卧龙先生。"便忙上前施礼道："先生可是卧龙先生吗？"

那人问道："将军是谁？"

刘备毕恭毕敬地说："我是刘备，专程从新野来拜见卧龙先生。"

那人听罢，施礼道："我是卧龙生的朋友崔州平。"

刘备忙抱拳道："久闻大名，幸得相遇！先生能否席地而坐，我想请教一言。"

崔州平坐下后问："将军有何事要见卧龙先生？"

刘备说："如今天下大乱，百姓受苦，我想跟卧龙先生求教治国安邦的大计。"

崔州平一听，哈哈大笑起来："天下大势，分久必合，合久必分，这是天意，人岂有回天之术。谈何容易！"刘备还想说什么，崔州平起身道："山野村夫，枉谈天下之事。"

刘备忙道："但不知卧龙先生往何处去了？"

崔州平说："我也正想访他，不知往何处去寻。他日再见吧。"说罢，扬长而去。

刘备一行走后，诸葛亮与几位好友回到草庐碰头，听子青和崔州平详细叙述了对刘备三人的印象，认为他宽厚、平易、仁德、谦恭。诸葛亮拿定主意，便去征得了嫂嫂和夫人阿丑的支持。

秋去冬来，天冷了。徐庶一面加紧练兵，一面让刘备招兵买马，并根据诸葛亮天下三分的理论，极力劝刘备早日夺取荆州。可刘备总是以同刘表是兄弟、不愿忘恩负义而下不了决心，可他又至今没有自己的地盘，弄得徐庶和他一样为难。这时，刘备接到探报，说卧龙先生已回隆中。他忙唤来二弟关羽和三弟张飞，出发再上隆中。

兄弟三人进了隆中山。听见路旁酒店中有人击桌而歌，刘备以为是卧龙，便下马入店，探知店中歌唱二人原来是卧龙之友石广元和孟公威。刘备于是出来上马，直奔卧龙冈，来到茅庐前。

诸葛子青开了门。刘备问："先生今日在庄上吗？"

子青道："正在堂上读书。"

刘备大喜，便跟着子青走了进去。到了中门，只见门上大书一副对联："淡泊以明志，宁静以致远"。刘备看罢，见堂上一位少年正拥炉抱膝歌吟。刘备待他吟完，才跨进

屋去施礼道："备久慕卧龙先生大名，早想与先生相见，只恨没有机会。前时我已拜访过一次，可惜没遇到先生。今日特冒风雪至此，见到先生，真是万分荣幸。"

那位少年一见，慌忙答礼道："将军，我是诸葛均，孔明乃是我二家兄。"

刘备便问："那卧龙先生今日在吗？"

诸葛均说："昨天被崔州平不知请到何处去闲游了。将军还是坐坐喝杯茶吧。"

刘备叹口气道："我真是没有福气，两番不遇大贤。"

刘备说要写几句话留给孔明。写罢，交与诸葛均，说他日再来，便拜辞出门。

诸葛均将兄弟三人送出门，忽见前面小桥上一人骑驴而来，刘备以为是卧龙归庐，诸葛均忙告诉他，这是他家兄的岳父黄承彦老先生。刘备忙上前施礼问道："您老可曾见到令婿？"

黄承彦道："怎么？他不在，我也是来看他的。"

刘备只好辞别，失望地回新野去了。

对于刘备两次来访诸葛亮的事，庞德公、黄承彦和司马徽三位老先生都给予了很高的赞赏。诸葛亮已下定决心出山，黄承彦拿出一把羽扇赠给他，扇把正面刻着"治国安邦"，背面刻着"指挥若定"各四个字。黄老先生语重心长地叮嘱道："贤婿，你能做到这八个字，也就

不负我们的一片苦心了。"

刘备回到新野后，风转日月，冬去春来。他选择吉日，斋戒三天，熏沐更衣，准备再往隆中拜谒诸葛亮。

三人骑马带领随从来到隆中，离草庐半里之外，正遇上诸葛均。刘备忙施礼问道："令兄今日在吗?"

诸葛均说："昨天晚上才回来。将军今天可与他见面了。"说完，飘然而去。

三人便来到庄上叫门。诸葛子青来开门。刘备道："有劳仙童转报，刘备专程来拜见先生。"

子青道："先生今日虽在家，但此时还在草堂里睡觉未起身。"

刘备道："既然是这样，就暂且先不要通报。"于是吩咐关、张二人在门口等着。

刘备慢慢走进去，只见诸葛孔明正仰卧在草堂床席之上，他便站在阶下等候。可等了半天，诸葛亮也没有醒。关、张二人在外等得不耐烦了，便走进来一看，刘备还站在那里。张飞来了怒气，对关云长说："这个人如此傲慢无礼! 我要到屋后去放一把火，看他起不起来!"云长忙使劲劝住。刘备命他二人出去等候。再往草堂上望时，见诸葛亮翻了个身，好像要起来，却是又朝里面壁睡去了。子青这时想去叫醒孔明，刘备忙拦住道："且勿惊动。"

又立了一个时辰，孔明才终于醒了，口中吟诗道：

"大梦谁先觉？平生我自知。草堂春睡足，窗外日迟迟。"

孔明吟罢，翻身问子青："有客人来吗？"

子青回道："刘皇叔在此，立候多时了。"

诸葛亮一听，忙起身道："为何不早告诉我！请等我换换衣服。"便转入后堂去了，半天才出来迎客。

刘备这时见孔明，身长八尺，面如冠玉，头戴纶巾，身披鹤氅，飘飘然有神仙之气。他忙上前施一大礼，做了正式的自我介绍，然后说："备两次来拜访先生都未得以相见。上次留下一书，先生看过吗？"

诸葛亮还了一大礼："昨日才见到，知将军一心一意为国为民，可惜我年纪太轻，没多少见识，只怕会误了将军啊。"

他们在屏风后面坐下。刘备道："司马徽和徐元直都是世之高士，他们的举荐岂是虚言。还望先生不吝赐教。"

孔明道："亮只是一耕夫，二公错看了。"

刘备说："大丈夫学以致用，还望先生以天下苍生为念，开教引导我这愚鲁之人。汉室就要完了，奸臣当道。刘备我不自量力，欲为天下伸张大义，然而却智术短浅，始终没有成就。我想，只有先生这样的高人才能帮助我挽救天下的厄运，实为万幸。"

诸葛亮于是正言说道："自董卓作乱以来，天下豪杰并起。曹操势力不及袁绍，却能够克绍制胜的原因，不是他占据天时，而是在于人谋。如今曹操已拥有百万之众，挟天子以令诸侯，实在难和他对抗。孙权占据江东已经历了三代，地势险要，人民附和，此可以用作援助，但不可对之有图谋。荆州这块地方四通八达，是用武之地，它现在的主人是守不住的。这是天意要留给将军的，将军可有意吗？益州险要，沃野千里，是天府之国。汉高祖因之而成就帝业，但它现在的君主刘璋却昏庸无能，人民富庶，国家足实而不知保存，有智能的人士希望得到一位明主。将军既然是汉室之后，信义名扬天下，招揽英雄，思贤若渴，如果能兼跨荆益之地，坚守其固，和好西戎南彝少数民族，对外结盟孙权，对内修整政理。等到天下形势有变，就派用一员大将出荆州直取宛洛，将军自领兵北出秦川，直取中原，那时百姓哪有不支持将军的呢？则霸业可成，汉室可兴矣！这就是我为将军的谋划，只看将军是否想干这番事业了。"

孔明说完，叫子青取来一轴画图挂在堂中，指着图对刘备道，"这是西川五十四州图。曹操在北方占天时，孙权在南边占地利。将军要想成霸业，得占人和。可先取荆州为根据地，后取西川建立基业，与孙曹形成鼎足之势，之后就可图谋中原了。"

　　刘备听罢，站起来拱手谢道："先生之言，令我顿开茅塞，如拨云雾而见青天。只是荆州刘表、益州刘璋都是汉室宗亲，我怎么忍心去夺他们的地盘呢？"

　　孔明说道："我夜晚观天象，刘表将不久于人世了，刘璋不是立业之人，用不了多久，这两个地方就都可归于将军。"

　　刘备一听，点头深深拜谢。孔明这一席话，还只是他未出茅庐之言，那时他就已料定天下三分，真是万古之人不及啊！

　　刘备当即拜请孔明道："备虽然名微德薄，愿先生不弃卑贱，出山以相助！"

　　孔明推辞道："亮久乐于躬耕隐居，懒得去应世事纷争，难以奉命。"

三顾茅庐遗址

刘备一听，不由得哭泣了起来，说道："先生不出山，天下苍生如何是好啊！"说着，泪沾袍袖，衣襟都浸湿了。

孔明看到他的诚意这般深厚，终于说道："将军既然不嫌弃，我愿意效犬马之劳。"

刘备大喜，立即命关羽和张飞进来，拜了孔明，又献上金帛礼物。孔明坚持不收，刘备说："这并不是请大贤出山的聘礼，而只是表表我的一片寸心罢了。孔明这才收下了。"

于是，刘备三人在庄上住了一宿。第二天，诸葛均回来了，孔明对他嘱咐说："我承蒙刘皇叔三顾之恩，不能不出山了。你留在这儿躬耕，不要让田亩荒芜了，等我功退归隐回来。"

于是刘备三人辞别了诸葛均，与孔明一道回归了新野。

刘备待孔明如师，同吃同睡，整日在一起商讨天下大事。明主贤臣，刘备三顾茅庐，终于如愿以偿了。

初出茅庐

一日，探马来报说曹操派夏侯惇带十万大军杀奔新野来了。刘备请孔明前来商议对策。

孔明道："我只怕关、张二人不肯听我调遣。主公要想让我用兵，请借印剑一用。"

刘备便将印剑交给他。孔明于是召集众将听令。张飞对关羽道："且去看他如何调度。"

孔明下令道："博望之左有山，名曰豫山；右有林，名曰安林，可以埋伏兵马。云长率一千军在豫山埋伏，等敌军来到，放他过去不要战。他的粮草必定在后面，你只要看见南山火起，便可纵兵出击，烧他的粮草。翼德可带一千军去安林背后山谷中埋伏，只看南面火起，便可出兵，在博望城旧屯粮处纵火烧它。关平、刘封可领五百军，预备引火之物，在博望坡后两边等待，到初更时分敌兵来到，就可以放火。"接着又下令派人从樊城叫回大将赵云作为前部，命他不要赢只要输。最后孔明对刘备说道："主公自引一军为后援。各部必须按我计策而行，不可有误。"

云长这时问道："我们都出去迎敌了，不知道军师做些什么？"

孔明说："我只坐守县城。"

张飞一听大笑说："我们都去厮杀，你却在家里坐着，好自在呀！"

孔明道："剑印在此，违令者斩！"

刘备这时说道："难道你们不知'运筹帷幄之中，决胜千里之外'吗？二弟不可违抗军令。"张飞冷笑着出去了。

关羽对张飞道："我们且看他的计策应不应，到时候回来再问他不迟。"

众将都不了解孔明的韬略，今日虽听令，却都疑惑不定。孔明对刘备说："主公今日便可领兵在博望坡山下屯住。明日黄昏，敌军必到，主公便弃营而走。看见火起，便调头掩杀。我与糜竺、糜芳带五百军守县。"又命孙乾、简雍准备庆功筵席，安排功劳簿伺候。

孔明派拨完毕，刘备仍不知其中文章，疑惑不定。

却说夏侯惇和于禁带兵来到了博望，分一半精兵作为前队，其余尽护粮车而行。正在行进之间，忽见前面一路人马杀来，为首者乃赵云。夏侯惇令于禁、李典压住阵脚，大笑道："徐庶在曹丞相面前夸诸葛亮为天人，今观其用兵，真像是让犬羊来与虎豹相斗。我一定要活捉刘备、诸葛亮。"说罢纵马向前，与赵云两马交合。杀不到几回合，赵云假装败走，引夏侯惇来追，赵云败走十余里，忽然一声炮响，刘备引兵冲杀出来。夏侯惇根本不把这几个人放在眼里，说今天不杀到新野，决不罢兵，于是催促军队前进。刘备、赵云只往后退走。

这时天色已晚，浓云密布，又没有月光，刮起夜风，

刘备、关羽、张飞与黄巾军作战

并且越刮越大。夏侯惇只顾催军往前赶，到了两山狭窄地段，李典、于禁疑心有火攻，叫前军后部停住，这时却听后面喊声震天，顿时一片火光，又赶上大风，火势越来越旺，很快，路两旁的芦苇也烧着了，一

刹那，四面八方全都是火。曹军人马大乱，相互践踏，死者无数。这时赵云调头回军追杀，夏侯惇冒着烟火突将出去。李典见势头不好，急忙奔回博望城时，火光中一军拦住，正是大将关云长，李典纵马混战，夺路而逃。于禁从小路逃走。夏侯兰、韩浩来救粮草，正遇张飞，张飞一枪刺夏侯兰下马，韩浩逃走。一直杀到天亮才收军，只见尸横满野，血流成河。夏侯惇收拾残军，回了许昌。

孔明收兵，关、张二人一同赞道："孔明真是英杰啊！"行不到几里地，只见麋竺、麋芳带军簇拥着一辆小车过来，车中端坐一人，正是孔明。关、张立即下马拜伏于车前。不一会儿，几路人马都到齐了，将所获战利品分赏众将，班师回新野，新野老百姓早已在夹道迎候了，有人说："我们大家得以生命平安，都是因为刘使君得到了贤人的佐助啊！"

孔明回到县中，对刘备说："夏侯惇虽然败走，曹操却必定要带领大军卷土重来。"刘备忙问："要是那样怎么办？"孔明道："亮有一计，可破曹军。"

刘表病入膏肓，派人将刘备从新野请到荆州，将大公子刘琦托孤给他，并说："我子不才，恐怕难以继承父业。我死以后，贤弟你可自领荆州。"

刘备一听哭拜着说道："刘备当竭尽全力辅佐贤侄为

荆州之主。"

正说间，人来报曹操亲自统率大军压来。刘备急忙辞别刘表赶回新野。

刘表之妻蔡夫人听说要立长公子刘琦为荆州之主，不由大怒。奉父命镇守江夏的刘琦赶回荆州探病，被蔡瑁挡在外门。刘琦大哭一场，只得又回了江夏。刘表望儿不来，大呼几声而死。

蔡夫人与蔡瑁等商议，假写遗嘱，改立只有14岁的亲子刘琮为荆州之主，之后举哀报丧。听说曹操大军径往襄阳而来，势不能敌，刘琮等决计献城投降。荆襄九郡就这样轻而易举地落入了曹操之手。

不久，果然探马来报曹军已到博望，刘备慌忙找孔明商议。孔明说："主公且放心，上回一把火烧了夏侯惇一个人仰马翻，这次还要让他中我之计。我们在新野住不得了，须尽早往樊城去！"他令人在四个城门张榜，告诉居民随军一同往樊城，不可自误。然后调拨船只，帮助百姓渡江。又对关云长道："带一千军到白河上流头埋伏。各带布袋，多装沙土，截住白河之水，到明日三更后，放水淹之，并顺水掩杀下来接应。"又唤张飞："带一千军到博陵渡口埋伏，这里水势最慢，曹军被淹，必从此处逃难，便可乘势杀来接应。"又唤赵云："引军三千，分为四队，自领一队伏于东门外，其余三队分伏西、南、北三门。但要先在城内人家屋顶上，多藏硫磺等引火之物。曹军入城，必然会到民房中歇息。来日黄昏后一定有大风，只要看见风起，便令西、南、北三门伏军全将火箭射进城去，等到城中火势大作，就在城外呐喊助威，只留下东门放他出去，你便在东门外从后面追杀，到天明时会合关、张二将，收军回樊城。"再令刘封、糜芳二将："带二千军，一半红旗，一半青旗，去新野城外三十里鹊尾坡前屯驻。一见曹军到，红旗军走在左，青旗军走在右；敌军心疑必不敢追。你二人分头埋伏。看见城中火起便可追杀败兵，然后到白河上流头接应。"至此，孔明分拨已定，便与刘备登高瞭望，专候捷报了。

却说曹仁、曹洪带领十万大军为前部，前面还有许褚带三千铁甲兵开路，浩浩荡荡，杀奔新野而来。这天中午来到了鹊尾坡，望见坡前一簇人马，尽打着青红旗号。曹仁说这是迷惑我们，并没有伏兵，可速进兵。来到林下追寻时，却不见一个人。这时太阳已偏西，许褚刚要带兵前进，突然听得山上大吹大擂，抬头看时，只见山顶一簇旗，其中两把伞盖，竟是刘备和诸葛亮，二人正在把酒对饮。许褚大怒，引军寻路上山。山上檑木炮石打将下来，不能前进。又听到山后喊声大震，想要寻路厮杀，天色已晚。

后面曹仁来到，大军一起直奔新野城下，只见四门大开。曹兵冲进去，却并无阻挡，城中也没有一个人，竟是一座空城。曹洪说："这是他们势单计穷，所以带着百姓逃走了。我军且在城里安歇，明日一早进兵。"这时候各路军马已经走乏，且都很饥饿，于是都去抢占民房做饭。曹仁、曹洪在县衙内安歇。初更以后，狂风大作，守城军士飞报火起。曹仁说："这一定是军士造饭不小心，遗漏了火，不要自惊自扰。"话音未落，接连几个飞报：西、北、南三门全都起了火。曹仁赶紧下令众将上马时，已是满城火起，上下通红。这夜的火，可比前日博望之火大多了。

曹仁带领众将突烟冒火，寻路奔走，听说东门没有火，便急急忙忙奔到东门来。军士自相践踏，死者无数。曹仁等刚刚脱离被火围困的厄运，却听背后一声呐喊，赵云带兵前来混战。曹军大乱，各逃性命。正奔逃之间，糜芳带一路人马杀将而来。曹仁大败，夺路而逃。刘封这时又带了一路人马截杀过来。

到了四更时分，只杀得人困马乏，军士多半焦头烂额。奔到白河边，幸好河水不深，人马全都下河饮水。人声互相喧嚷，马不停地嘶鸣。

却说关云长在上流用布袋截住水，黄昏时分，望见新野城中起了火。到了四更天，忽听见下流头人喊马叫，关羽急令军士一齐搬掉布袋，刹那间水势滔天，往下流冲去，曹军人马全都溺在水中，死了许多。曹仁引众将忙向水势慢处奔逃。

到了博陵渡口，突然又听到喊声大起，大将张飞率军挡住去路，大叫："曹贼快把命拿来！"这时许褚的人马赶到，混杀成一片。许褚不敢恋战，夺路逃脱。张飞赶去接住刘备、孔明，一同沿河到上流。刘封、糜芳已备好船只等候，一起渡河往樊城而去。

公元208年，曹操率军攻打荆州。刘备力单，携民渡江逃避，诸葛亮随刘备败走夏口。

舌战群儒

　　却说江东孙权，屯兵在柴桑郡，听说曹操大军打到了襄阳，又要攻打江陵，便召集谋士们商议防守御敌之策。鲁肃道："荆州之地与我国接壤为邻；江山险固，人民殷实富庶。我们如果能占据它，就等于有了建立帝国的资本。现在刘表死了，刘备刚刚战败，我想以吊丧之名，去荆州说服刘备与刘表手下众将，同心一意，与我们联盟共破曹操。刘备若能听从，那我们的大事就可成了。"孙权同意，便派鲁肃前往江夏去吊丧。

　　刘备正与孔明、刘琦在一起商议，孔明说："曹操势力太大，一时难以抵抗。我们不如结盟东吴孙权，以作外应援助，造成南北相持，我们可从中得利。"

　　刘备担心地说："江东人物那么多，必有远谋，能容咱们吗？"

　　孔明道："如今曹操带领百万之师，大军已压至江汉，江东肯定会派人来打探我们的虚实，对荆州有巧取之想。到时，我将出使江东，凭三寸不烂之舌，让他们南北两军去互相吞并，如果江东胜，则我们可以和他一同拒曹；如果曹操胜，那我们就可趁势取江南了。"

正说间，人报江东鲁肃前来吊丧。孔明笑说："大事可成了。"便对刘备道："不可让他看出我们的计谋，主公只装作不知。"

却说鲁肃见过刘备，对诸葛亮说："我一向敬慕先生的才德，今日相见，三生有幸！孙将军虎踞六郡，兵精粮足，又极其敬贤礼士，江东英雄有很多归附于他。如今从你们这方面考虑，不如派一个心腹之人到江东去结盟，共图大计。先生的兄长在江东，每日盼望能与先生相见。鲁肃不才，愿与公同去拜见孙将军，共同商议拒曹大事。"

刘备装作不同意，说："孔明乃是我的军师，一刻也不能离开，怎么可以让他到江东去呢？"

孔明便道："事关紧急，请奉命一行。"

刘备这才答应。鲁肃于是和孔明一起，登船往柴桑而去。

第二天，鲁肃到驿馆接孔明同往孙权大帐中。孔明只见张昭、顾雍等一班二十多位文武官员，峨冠博带，整衣端坐。孔明一一见礼，之后在客位上落座。张昭等

人看到诸葛孔明丰神飘洒，器宇轩昂，料他一定是来游说的。张昭便率先开口试问孔明道：

"我张昭乃是江东的小人物，早就听说先生高卧隆中，自比管仲、乐毅，有这样的事吗？"

孔明回答道："这只是亮平生的一个小可之比。"

张昭道："新近听说刘备刘豫州三顾先生于草庐之中，幸得先生，以为'如鱼得水'，因而欲想席卷荆襄。如今荆襄却一下归属了曹操，不知你们是何用意啊？"

孔明暗想：张昭乃是孙权手下的第一谋士，若不先难倒他，如何说服得了孙权？于是答道："在我看来，我主取汉上之地易如反掌。我主刘备谦卑仁义，不忍去夺同宗兄弟的基业，因此将荆州推让掉了。刘琮是个小孩子，听任佞言，私自投降，致使曹操很猖獗。如今我主屯兵江夏，是另有良图，这可不是等闲之辈所能理解的。"

张昭道："如果是这样，先生可就自相矛盾了。先生自比管仲、乐毅，管仲辅佐桓公称霸诸侯，一统天下；乐毅扶持微弱的燕国，拿下齐国七十多个城池。这两个人，可都是济世之才啊！而先生只会在草庐之中笑傲风月、抱膝危坐。如今既然事从刘备，就该为百姓牟利益，除害灭贼。然而刘备在未得先生之时，尚能够纵横天下，割据城地；如今得了先生，人们更加仰望，就连三岁的幼童都说刘备是如虎添翼，不久汉室兴旺，曹操可灭了。

朝野上下无不拭目以待，对先生抱着极大希望。可为何自从先生跟了刘备，曹兵一来，你们就丢盔卸甲，望风而窜，弃新野，走樊城，败当阳，奔夏口，无容身之地。如此辜负了刘表遗愿，令天下百姓大失所望。那刘豫州自从有了先生，为何反倒不如当初了呢？管仲、乐毅难道就是这样的吗？——我的话愚鲁直率，请先生不要见怪！"

孔明听罢，无声地笑了笑，说道："大鹏展翅飞万里，它的志向难道是那些小燕雀能认识的吗？比如一个人得了多年的痼疾，应当先给他喝点稀粥，同药一起服

舌战群儒

下。等到他肺腑调和、形体慢慢养得安稳些了，再用肉食补养，加上效力强的药治疗，这样病根才能除尽，人得以全面康复。如果不等病人气脉缓和，就给他吃烈药和味道厚重的食物，想要求得平安，实在就难了。我主刘备，以前兵败于汝南，寄靠在刘表门下，兵不到一千，将只关、张、赵云，正像是到了病重危急的时刻。新野小县地僻人稀粮又少，他不过是暂时借以安身，怎可能长久坐守在那里呢？但就是在这样的处境条件下，却能够火烧博望，水淹曹军，令夏侯惇等心惊胆寒。依我看来，就是管仲、乐毅用兵，也不过如此吧。至于刘琮投降曹操，豫州当时根本不知，且又不忍心乘乱夺取同宗之业；当阳之败，豫州不忍丢下百姓，几十万人扶老携幼相随渡江，每日与民一同颠簸十余里路而放弃去取江陵，真是大仁大义啊！寡不敌众，胜负乃是兵家常事。昔日汉高祖刘邦多次败给项羽，然而垓下一战却取得了决定性胜利，难道不是因为韩信为他出了良谋吗？可韩信辅佐刘邦那么久，也没得几次胜利啊。因此说，国家大事，天下安危，要靠谋划。那些夸夸其谈、善于巧辩之徒，靠虚荣之气压人；尽管能够坐着议论、站着高谈，可是到了关键时刻应付各种形势变化，却什么都不行了。——这才真正是叫天下耻笑的呀！"孔明一番话，说得张昭没有一句可以对答。

这时座中一人忽然高声问道："如今曹公屯兵百万，列将千名，虎视眈眈要踏平、吞食江夏，先生认为该怎么办呢？"

孔明望去，乃是虞翻。孔明道："曹操收并了袁绍蚁聚之兵，劫刘表乌合之众，虽然百万之军，也没什么可怕。"

虞翻一听冷笑道："你们军败于当阳，计穷于夏口，区区求救于人，还说'不怕'，这可真是大言不惭啊！"

孔明道："刘备不是只靠几千仁义之师，就能抵抗百万残暴之众的吗？退守夏口是为了等待更好的时机。而如今，你们江东兵精粮足，且凭借有长江之天险，有的人却还想要主公孙权屈膝投降曹贼，而竟不顾天下人的耻笑。——从这一点来看，刘备难道是怕曹操的吗？"虞翻被说得哑口无言了。

座中又一人发问道："孔明先生难道想效法张仪和苏秦来游说我们东吴吗？"

孔明一看，是步骘，回敬道："步子山先生以为张仪、苏秦是辩士，却大概还不知道他二人也是豪杰吧；苏秦佩挂六国相印，张仪两次为秦国宰相，都是匡扶国家的谋士，可不是那些畏强欺弱、怕刀怕枪的人所能比的。君等只听曹操虚发的假诈之词，就吓得想去投降，还竟好意思在这里笑话苏秦和张仪吗？"步骘也被问得说不出话了。

忽然又有人问道："孔明认为曹操是什么人呢？"

孔明看那人，乃是薛综，答道："曹操乃是汉贼，这还用问吗？"

薛综道："先生说得不对。汉朝历代至今，天数眼看就要完了。如今曹公拥有三分之二天下，人都归心与他。刘备不识天时，强要与之分争，正是好比以卵击石，怎能不败呢？"

孔明这时厉声说道："薛敬文怎么能出此没有君臣父子、没有高低伦理之言呢？人生在天地之间，应以忠孝作为立身之本。薛公既然是汉臣，却有不臣之心，应当打消这些思想，才是为臣的正道。曹操的祖宗食汉禄，却不思报效汉室，反怀有篡权叛逆之心，让天下人憎忿，薛公却说天数归之曹操，真是无父无君、没有纲常的人呀！我没有必要同你讲话，请不必多言了！"薛综满面羞惭，无话对答。

座上又有一人应声问道："曹操虽然挟天子以令诸侯，可毕竟也是相国曹参的后代。刘备虽自说是所谓中山靖王的苗裔，却没有考证，人们亲眼所见的，他只不过是一个编草席卖草鞋的俗夫罢了，有什么资格来和曹操抗衡呢！"

孔明看去，原来是陆绩。孔明笑起来，道："曹操既然是曹相国的后代，就更证明他世代都为汉臣，而如今他却手握王权，肆意横行，欺君妄上，不仅是目无君主，而且是蔑视祖宗，不仅是汉室之乱臣，而且是曹氏之贼子。刘备是堂堂正正的汉室之胄，当今皇帝依据世宗祖谱赐予他官爵，你凭什么说'无可查考'呢？况且高祖就是从区区亭长开始建业起身的，织席卖鞋又有什么可以为耻辱的呢？我看你真是小儿之见，怎能和高士一起理论！"陆绩不禁闭口塞舌。

席中又一人说道："孔明所言，都是强词夺理，全不是正经之谈，不必再说了。只请问孔明著有什么经典之论吗？"

刘备、关羽、张飞

孔明看他，是严峻，说道："寻章摘句，是世上那些迂腐儒士的所为，哪能够依此兴国立事。古时候躬耕的莘伊尹，垂钓于渭水的姜子牙，还有张良、邓禹等名士高人都没见他们有什么经典论著。难道说你整天就光只是效仿那些酸腐的书生，区区于笔砚之间，数黑论黄、舞文弄墨而已吗？"严峻垂头丧气地无以作答。

忽然一个人大声说道："诸葛公好说大话，未必有真才实学，恐怕到时恰恰要被文人学者所笑呢。"

孔明看那人，乃是程德枢，便回答道："文人学者有君子与小人之分。作为君子的文人，忠君爱国，坚守正义，憎恶邪佞，尽力为时代做出自己的贡献，美名传于后世。而作为小人的学者，只钻营雕虫小技，用心于文墨，年轻时作赋，人老了把经都念完。笔下即便有千言，胸中却没有一点实实在在的计策。就像杨雄那样，虽然以文章著称于世，却屈身于草莽强盗之手，走投无路最后跳楼而死。这就是所谓的小人之儒。即使他每天吟诗作赋上万言，可又有什么用呢！"程德枢也不能应对了！

众人见孔明对答如流，全都已惊慌失色。

此时座中还有人想要问难孔明，忽然有个人从外面走进来，厉声说道："孔明乃是当世奇才，诸位以唇舌相难，可不是敬客之礼。曹操大军压境，你们不商讨退兵之策，光在这里斗嘴！"众人一看，是督粮官黄盖黄公覆。黄盖对孔明道："先生何不将金石之论对我主说去？"

孔明道："诸君不识时务，互相问难，容不得我不答。"

于是黄盖和鲁肃带孔明进入中门，鲁肃对孔明嘱咐道："今天见到我家主公，千万别说曹操兵多。"

孔明笑说："亮自会随机应变。"

他们来到大堂之上，孙权下阶而迎，厚礼相待，请孔明坐，众文武分列两旁，鲁肃站在孔明边上。孔明见孙权碧眼紫发，仪表堂堂，暗想，此人相貌不一般，只能用话激他，不能光讲道理。于是，等孙权问起曹操现有多少兵马时，孔明说有一百多万。孙权道："怕不是在诈我们吧？"孔明便将曹操原有的兵力，加上从袁绍、中原和荆州那里新增的兵力算在一起，不下一百五十多万。他方才说一百万，是怕吓着江东之士；且曹操手下战将谋士都不下一二千。鲁肃在旁一听，惊慌失色，连忙向孔明使眼色不让他再说了，孔明却只装作没有看见。这时孙权又问："曹操平了荆楚之地，还有其他图谋吗？"

孔明道："他如今已沿江边安营扎寨，准备战船，不图你们江东，又是想取哪里呢？"

孙权道："若他真有吞并之意，请先生替我想想该怎么办。"

孔明道："亮有一句话，只怕将军不肯听从。如今曹操势力极大，威震海内，即便是英雄，也无用武之地，奈他不可。将军要量力而行，若有能力与曹抗衡，不如趁早消灭他；若没有能力对抗，不如听从众谋士的建议，投降曹操算了。如今，将军嘴上说要降曹，心里又不想降曹，形势危急，却总是拿不定主意，大祸可就要临头了！"

孙权道："若像先生说的这样，刘备为什么不投降曹操呢？"

孔明道："过去，像田横、齐之那样的壮士都能坚守大义，不容屈辱，何况刘备是汉室宗亲——事之不成乃是天意，怎么能自己就先屈服于他人之下呢！"

孙权听了孔明这番话，不觉脸色顿变，站起身来拂袖而去，众人一见，也都一笑而散了。

鲁肃责怪孔明道："先生为何说出这样的话来？幸亏我们主公宽洪大度，没有当面责怪你，你的话过于藐视他了。"

孔明仰面笑道："何必这样不能容人呢！我自有破曹之计，他不问我，我怎敢说呢？"

鲁肃忙道："原来先生是有良策的，我这就去请主公来向你求教。"

孔明说："我看曹操的百万大军，不过是一群小蚂蚁罢了，只要我一抬手，它们就都成了粉末。"

鲁肃经这么一说，便立即到后堂去见孙权。孙权一听，转怒为喜，道："原来他是用话在激我。"于是又出来与孔明互致歉意，讨教良策。

孔明说："刘备虽新败，但关云长仍带有精兵万人；刘琦在江夏也有万人。曹兵虽多，却是远道而来，征战疲惫，正所谓'强弩之末，势不能穿鲁缟'。并且北方人不习惯于水战。荆州之民衣附于曹操，是迫于当时的形势，而并不是出于本心所愿。将军如果现在能诚心诚意地和刘备结成联盟，破曹之事必成。曹军败了，自然退回北方，那么荆州和东吴的势力也就加强了，三足鼎立的局面也得以成形。成败的关键即在眼下，就看将军怎样决断了。"

孙权听罢大喜，说："先生的话，使我茅塞顿开。我已经拿定主意，不再犹疑别的了，马上就可以商议起兵，共破曹操！"于是孙权叫鲁肃将决定传告下面文武官员，然后送孔明回驿馆休息。

张昭得知孙权要起兵，便对众人道："主公中了孔明之计！"一时间，武将都主战，文官都要降，议论纷纷，意见不一，搞得孙权又无所适从，难以决断了。

吴国太听说此事，来对孙权道："你兄孙策临终留下话说，'内务之事难断问张昭，对外之计不决请周瑜'，眼下何不去同公瑾商议呢？"

智激周瑜

孙权的大都督周瑜在鄱阳湖训练水师，闻讯急忙赶回柴桑。鲁肃与周瑜关系最为深厚，头一个去迎接他，把事情详细讲了。周瑜道："子敬不必烦恼，我自有主张。现在快去把孔明先生请来相见。"

晚上，鲁肃带孔明来拜见周瑜。鲁肃先对周瑜说："如今曹操带重兵南侵，是战是和，主公难断。将军的意思该怎么办呢？"

周瑜道："曹操借天子之名，不好与之对抗，况且势头又大，战必败，降则转危为安。我主意已定，来日面见主公，就劝他纳降。"

鲁肃一听惊愕地说道："君言差矣！江东基业已历经三代，怎可一日弃给他人呢？"

周瑜道："江东这么多百姓，一旦打起仗来，就要遭受战火之苦，那时必然把怨言归到我身上，因此不如不

066

战。"

二人相互争辩，孔明只在一旁冷笑。周瑜问道："先生为何发笑？"

孔明说："我笑子敬太不识时务，真是跟我一样啊。将军想要降曹，既可保全妻儿老小，又可得以富贵。顺于天命，有什么可惜的呢？"

鲁肃大怒道："你想教我主屈膝受辱于国贼吗？"

孔明接着说道："我有一计，可以不用向曹操上贡献印，也不必将军亲自渡江，只须派一个小使者，乘一只小船送两个人到江上。曹操只要得到这两个人，就可令百万之师退兵。而江东少上这两个人，就只好比大树上掉下一片叶子，大谷仓里少了一粒米一样。但叫曹操得了去，他必定大喜而归。"

周瑜便问道："果然如此的话，那么这是怎样的两个人呢？"

孔明说："我在隆

周瑜

中时，就听说曹操在漳河新造了一座铜雀台，极其壮丽，广选天下美女聚集于其中。曹操本是好色之徒，早听说江东乔公有二女，长女叫大乔，次女叫小乔，有沉鱼落雁之容、闭月羞花之貌。曹操曾发誓说：'我的志愿，一是扫平四海，建立霸业，二是得到江东二乔，放在铜雀台中，以乐我晚年。这样到死也没什么可遗憾的了。'如今曹操带百万之师欲图江南，其实就是为了这两个女子。将军何不去寻找乔公，以千金买此二女，派人送与曹操呢？曹操得到这两个女子，必心满意足，班师撤兵。——这正是范蠡献西施之计，何不赶紧去办呢？"

周瑜道："曹操想得到这两个女子，有什么证明呢？"

孔明道："曹操的小儿子曹植，字子建，下笔便成文。曹操曾命他作一首赋，名作《铜雀台赋》，文中之意说他全家都能称王为帝，誓得二乔。"

周瑜问："这篇赋先生能背下来吗？"

孔明道："我喜欢它文辞华美，曾记下来过。"

周瑜说："那就请先生试着背诵一下。"

孔明当即吟诵起《铜雀台赋》，其中有这样一句道：

立双台于左右兮，有玉龙与金凤。揽二乔于东南兮，乐朝夕之与共。

周瑜听罢，勃然大怒，站起身来用手指着北方道：

"老贼欺我太甚!"

孔明忙站起来劝道：'都督这又是何必呢？过去单于多次侵犯我国南疆，汉朝天子将昭君公主许给他和亲，眼下又何必在惜两个民间女子?"

周瑜回答道："先生有所不知，这大乔乃是孙策将军的主妇，小乔便正是我的妻子啊!"

孔明一听，装作并不知晓的样子急忙说道："亮实在不知，失口乱言，死罪！死罪!"

周瑜道："我与那老贼誓不两立！来日人见主公，便商议起兵。"

孔明道："若蒙不弃，我愿效犬马之劳，随时听候派遣。"

年画《草船借箭》

草船借箭

却说孔明深知周瑜用心和计谋，周瑜越来越感到此人不可留，将来必是江东之大害，但若杀了孔明，又怕遭曹操耻笑，于是便想方设法要寻机除掉他。

一日，周瑜聚众将于帐下议事，问孔明道："近几日就要同曹操交战了，水路交兵，应当先用什么兵器攻战？"

孔明道："大江之上，应以弓箭为先。"

周瑜道："先生之言，甚合我意。但是军中正缺箭用，敢烦先生督造十万支箭，以作应敌之用。这是公事，请先生不要推却。"

孔明问道："这十万支箭不知都督什么时候用？"

周瑜道："十日之内，能办妥吗？"

孔明道："曹操马上就要打过江来了，若等十天，必误大事。"

周瑜便问："先生料几日能造完？"

孔明说："只要三天，就可交上这十万支箭。"

周瑜一惊，道："军中无戏言。"

孔明笑笑说："愿立军令状，三天办不成，甘当受罚。来日造起，到第三天，都督可派五百人来江边搬箭。"

孔明走后，鲁肃对周瑜说道："这个人莫非是在诈我们吧？"

周瑜摇摇头："他自己送死，并不是我逼他。你可去探孔明的虚实，然后来告诉我。"

鲁肃来见孔明，孔明道："子敬得借我二十只船，每船要军士三十人，船上全用青布作幔，每船用束草千余个，分立两边，我自有妙用。第三日包管有十万支箭。只是不能让公瑾知道，他若知道了，我的计策就会失败。"

鲁肃将孔明所需之物都备齐了，只等候调用。第一天不见孔明动静，第二天亦然。直到第三日四更天时，孔明将鲁子敬秘密地请到自己船中，说："请先生同我一道去取箭。"便下令将二十只船用长长的绳索连接成一串，一直向北岸进发。

这天夜里大雾漫天，江上更是雾气重垂，人在对面都看不清。孔明督促船只前进，到五更时候，已接近曹

操水寨。孔明让把船头冲西，船尾在东，一字摆开，军士皆藏身于青布幔中，然后下令擂鼓呐喊。鲁肃大惊道："要是曹兵杀出来可如何是好？"

孔明笑道："大雾锁江，我料他定不敢出战。我们只在这里饮酒取乐，等到雾散了就回去。"

鲁肃一听哭笑不得，哪有心思饮酒，真是坐立不安。

却说曹操营寨中听得擂鼓呐喊，于禁等慌忙飞报曹操。操传令道："浓雾弥江，我军不可轻动，让弓箭手放箭！"然后又派人往旱寨里去叫张辽、徐晃各带弓箭军三千，火速赶到江边助战。

很快，约有一万多弓箭手往江中一齐放箭，箭如雨发，有的射落水中，有的扎在船边束草上。船因受箭而向一边慢慢倾斜。孔明看看杯中之酒倾洒，便下令将船队调转，头东尾西，再靠近曹操水寨受箭，一面继续擂鼓呐喊。一直到太阳升起，雾气渐渐散开了，孔明才下令收船立即返回。这时那二十只船两边的束草上都已扎满了箭。孔明下令各船上的军士齐声高喊："谢曹丞相箭！"等到曹军寨中报知曹操时，这边船轻水急，早已放回去有二十多里了，哪里还追赶得上，曹操见之，懊悔不及。

孔明回到船中对鲁肃说道："每只船上有大约五六千支箭，不费你江东半分之力，便得十万多支箭。明日就可用它来射曹军了，岂不是真方便吗?"

鲁肃唉呀呀道:"先生真神人也! 却如何知道今日有大雾弥江呢?"

孔明答道:"作为将帅，不通晓天文地理，不知奇门，不懂阴阳，不看阵图，不明兵势，那是庸才。亮在三天前已算准今日有大雾，所以才定下三日之限。公瑾让我十天办完，工匠、材料等都不应手，明摆着是想要杀我。——而我命系于天，岂是公瑾所能加害的吗?"鲁肃拜服了。

船到岸时，周瑜已派五百军士在江边等候搬箭。孔明教人到船上来取，共得十多万支，都搬到中军帐交纳。鲁肃来见周瑜，述说了孔明草船借箭之事。周瑜大惊，慨然叹道:"孔明神机妙算，我不如他啊!"

不一会儿，孔明入帐来见周瑜。周瑜说道:"我主孙权差人来催促我进军，我昨日观察曹操水寨，极是严整有序，非等闲之辈可以攻下。我思得一计，不知可否。"

孔明道:"都督先不要说，各自写要手掌中，看我们想的是不是一样。"

周瑜大喜。写罢。两个靠近一看，周瑜手中是个"火"字，孔明掌中也是一个"火"字。

借东风

　　周瑜心气不顺，病卧在床。鲁肃请孔明来医。孔明在纸上密书十六字："欲破曹公，宜用火攻；万事俱备，只欠东风。"

　　周瑜见了大惊，暗想：孔明真神人也！乃转忧为喜道："事在危急，望先生赐教。"

　　孔明道："亮虽不才，曾遇到奇异之人传授与我奇门遁甲天书，可以呼风唤雨。都督若要东南风时，可在南屏山上建一座平台，叫做七星坛：高九尺，作三层，用120人，手举旗幡围绕。我在台上作法，借三天三夜东南大风，助都督用兵，怎么样？"

　　周瑜道："别说三天三夜，只一夜就大事可成了。势迫在眉睫，请万万不要迟误。"

　　孔明道："十一月二十日甲子祭风，至二十二日丙寅风停，如何？"

周瑜大喜，一下坐走身来，立即使500名精壮军士，到南屏山去筑坛，拨120人执旗守坛，听候使令。

孔明于十一月二十日甲子吉辰，沐浴斋戒，身披道衣，赤足披发来到坛前，吩咐守坛将士："不许擅离方位。不许交头接耳。不许随口乱讲话。不许大惊小怪。违令者，斩！"众人领命。孔明缓步登坛，看好方位，在炉中烧香，在盂盆内灌水，仰天暗祝。孔明一天上坛下坛三次，却不见有大风。

周瑜等人都在中军帐内等待东南风。黄盖等已准备火船二十只，曹营中有周瑜派出的内应甘宁等缠住其水军督将在寨中每日饮酒。不放一个人到岸上去哨探，四周全是东吴兵马，围得水泄不通，将士们个个摩拳擦掌，只等帐上号令。

这天晚上，天色晴朗，微风不动。周瑜对鲁肃道："孔明之言实在荒谬。隆冬季节，哪来的东南风？"

鲁肃说："我想孔明并不是谬言。"

将近三更时分，忽听风声响起，旌旗飘动。周瑜出帐看时，只见旗角竟真的飘向了西北，——霎时间东南风大作。周瑜惊骇地说道："此人有夺天地造化之法、鬼神不测之术！若留着他，必是东吴之祸根，及早杀掉，免得生他日之忧。"赶忙叫来丁奉、徐盛二将，密令道："各带100人，徐盛从江内去，丁奉从旱路去，都到南屏

山七星坛前，不用多问，抓住诸葛亮便立即斩首，拿人头来见我请功。"二将领命而去。

丁奉马军先到，只见坛上执旗将士当风而立，却不见孔明，问答说："刚才下坛去了。"

这时徐盛船也到。兵卒报告说："昨晚有一艘快船停在前面滩口。方才看见孔明披发下船，那船往上游去了。"丁奉、徐盛连忙分水旱两路追赶。徐盛叫挂起满帆，乘风急追。终于看见前面的船已离得不远，徐盛在船头大声高喊："军师不要走，都督有请！"

孔明站在船尾大声道："回去告诉你家都督，好好用兵，我暂且回夏口了，他日再容相见。"

徐盛道："暂且停一下，有要紧话说。"

孔明道："我已料到都督不能容我，必定要来加害，事先叫子龙来接应。——将军不必追赶了。"

徐盛见前面的船没挂帆，便只顾往前赶去。待离得近），赵子龙站在船上弯弓搭箭，"嗖"的一声射断徐盛船上篷帆的绳索，篷帆"嗖"地堕落入水，船一下便横了过来。

赵云叫自己船上撑起满帆，乘风而去，快流如飞，追之不及。

岸上，丁奉唤徐盛靠岸，说道："诸葛亮神机妙算，人不如也。"

智算华容道

刘备与刘琦在夏口专候孔明归来。很快船到，孔明和赵云登岸。

刘备上前对孔明道："早已准备好，只等军师调用。"

于是立即升帐，孔明遣将调兵，首先唤赵云，道："子龙可带三千兵马，过江直奔乌林小路，寻树木芦苇茂密的地方埋伏下来。今夜四更以后，曹操必然从那条路奔走。等他军马过，就从半中间放起火来，即使杀不了他全完，也能消灭一半。"

赵云道："乌林有两条路，一条通南郡，一条通荆州。不知曹操会向哪条路来？"

孔明说："南郡路险，曹操必不敢走，一定往荆州来，然后大军投许昌而去。"

赵云于是领令走了。孔明又唤张飞："翼德可带三千兵过江，截断彝陵这条路。曹操必往北彝陵去。来日雨

过，待他埋锅造饭，你只要看到烟起，就在山边放起火来。虽然捉不到曹操，想你这回功劳也不小。"张飞走了。

孔明又吩咐糜竺、糜芳、刘封三人各驾船只，绕江截杀败军，夺取器械。三人去了。孔明起身对公子刘琦道："武昌离这边只有一望之地，最为重要。公子便请赶回去，带所部之兵埋伏在岸口。曹操一败，必有逃来的，就地抓住，但不可轻易离开城郭。"

刘琦便辞别刘备、孔明去了。

孔明最后对刘备道："主公可在樊口屯兵，凭借高处观望，坐看今夜周瑜成大功也。"

此时关羽站在一边候令，孔明却全然不予理睬。关羽忍不住高声道："军师为何不用我？"

孔明答道："云长别见怪。过去曹操待你很厚，你一定想要报答于他。今日曹操兵败，必走华容道，要是让你去守华容隘口，只怕你会放他过去。因此不敢委派。"

云长道："军师好多心。当初曹操待我不薄，我已白马解围报答过他了。今日撞见，定不放他过去，愿立下军令状担保。但是，如果曹操不走华容道，那可又怎么说？"

孔明道："我也立下军令状，他若不走，我甘受军法处治。"

关羽大喜。孔明盼咐他说:"你可在华容小路高山上堆积柴草,放起一把烟火。曹操看见烟起,便会认为这是虚张声势,必向这条路来,将军可不要留情。"关云长领令而去。

刘备这时说道:"我这兄弟义气深重,只怕他还是会放曹操一马的。"

孔明于是说:"我夜观星象,曹贼这回死不了,何不留这份人情,让云长做了去,也是好事。"

刘备道:"先生神算,世所罕及啊!"

不说江中鏖兵、周瑜火烧赤壁,单说曹军大败而逃,一路被剿杀,果然投乌林以西而来。曹操看见这一带树木丛杂,山川险峻,忽然在马上仰面大笑起来。诸将便问道:"丞相为什么大笑?"

曹操说:"我不笑别人,单笑周瑜无谋,诸葛亮少智。要是换了我用兵,一定会在这里埋伏下一支人马,看看会怎么样?"

话音未落,忽然两边鼓声震天,火光冲起,惊得曹操几乎掉下马来。一军从侧面突然杀出,大叫道:"赵子龙奉军师将令,在此等候多时了!"

曹操忙令抵挡,自己突出烟火而逃。子龙也不追赶,只顾抢夺旗帜。

天色微明,黑云罩地,东南风仍不息。忽然大雨倾

盆，将士的衣甲都淋得透湿。曹军冒雨而行。曹操问前方是什么地方，军士回答，一边是南彝陵，过葫芦口便是南郡江陵；另一边是北彝陵山路。曹操下令走南彝陵。

走到葫芦口，曹军兵马都已饥饿困乏，于是埋锅造饭。曹操坐在林下，忽然又仰面大笑起来。众将问道："丞相刚才一笑笑出个赵子龙，现在又为何发笑？"

曹操道："我笑诸葛亮、周瑜毕竟短智少谋。若换了我用兵，定在此伏下一队人马，那样的话，我即便得以逃脱性命，怕也得重伤了。"

正说间，忽听前军后军一齐呐喊起来。曹操大惊，丢甲上马，众军也大都来不及收马，早已望见四周全被烟火包围，山口处横起一路人马，为首者正是燕人张翼德。众人一见张飞，无不心惊胆寒。曹操令许褚、张辽、徐晃上前抵挡，自己拨马就走。张飞从后赶来，曹兵拼命奔逃，才渐渐甩掉追军。回头看去，又伤了许多的人。

正行间，前面又出现两条路，军士报曹操道："大路稍微平坦些，却远了五十里；小路通华容道，能近五十多里，只是路窄难行。"曹操令人上山观望。不久，探马回来报告说："发现小路山边有几处烟起，大路上并没有动静。"曹操道："兵书曰：虚则实之，实则虚之。吾偏不中他计。"便下令走华容道。

这时正值隆冬季节，人马饥寒困乏，焦头烂额者相扶而行，其苦难以言说。行不到几里，曹操又在马上扬鞭大笑起来。众人一惊，问道："丞相又为何大笑？"

曹操笑说："人们都说周瑜、诸葛亮足智多谋，依我看，也不过是无能之辈。要是他们在这里埋伏下一旅半师，我等岂不束手就擒了吗？"

话未说完，一声炮响，两旁跳出来五百个校刀手，为首者正是大将关云长，提青龙刀，跨赤兔马，截住去路。曹军见了，亡魂丧胆，面面相觑。曹操一看，不由叹了口气道："既然到了这一步，只有拼命决一死战了。"

这时有人提醒曹操："丞相过去有恩于他，今日不如求他放过这一关。"

曹操不禁点了点头，便对关羽提起了旧话，使关羽想起他当初的许多恩德。关羽动了心，又见曹军个个惶惶然，都哭拜于地，恒长叹一声，都放了过去，然后自带人马，空手而归。

后因刘备及众将求情，军师孔明免了关羽一死。

三气周瑜

　　赤壁大战，周瑜收军点将，各各记功，大犒三军，却听说刘备、孔明都已移到江油屯住，不禁一惊，暗道："如此，他必有取南郡之意。我们费了这么多力气，眼下南郡反手可得，他们却怀有不仁之心。要真让他们得去，除非我死了。"于是亲自来到江油。

　　周瑜见过刘备，之后问道："豫州移兵到此，是不是有意要取南郡呢？"这一切早在孔明预料之中，刘备依孔明之计答道："要是都督不取，我便一定要取。"

　　周瑜笑道："我们东吴早就想吞并汉江之地，如今南郡可以说已在手中了，怎么会不取呢？"

　　刘备道："胜负还说不定呢。守南郡的曹仁勇不可当，只怕都督难办啊。"

　　周瑜道："要是我拿不下来，到时任你们去取。"

　　刘备道："子敬、孔明也在这里，他们可作证人，都督可不要反悔!"

鲁肃心里踌躇不定,可周瑜已经答道:"大丈夫一言既出,驷马难追。"

周瑜回寨,当即点兵去与曹仁决战,不料却中了曹仁请君入瓮之计,周瑜左肋还中了一箭,忙退兵回营寨。几日后,曹兵出城到寨前来骂阵,周瑜先是装作疗治金疮不出兵,以诱敌深入,最后反败为胜。曹军往回败逃,周瑜一路追杀,到五更天时,离南郡已不远。曹仁不敢回南郡,都投向襄阳而去。

周瑜收军来到南郡城下,却见旌旗招展,城上一将冲他大叫道:"都督不要怪罪!我乃常山赵子龙,奉军师之命,已取下南郡了。"

周瑜大怒,下令攻城。城上箭如雨发,周瑜只好退兵,商议先去取襄阳,回头再来取南郡。忽然战马来报:"夏侯在襄阳,诸葛亮

孔明一气周公瑾

派人诈称夏仁求救，引夏侯出兵，却让关云长取了襄阳。"周瑜闻之大叫一声，金疮迸裂。正是：

几郡城池无我分，一场辛苦为谁忙！

为除掉刘备、诸葛亮，周瑜又生一计。

自从甘夫人去世后，刘备昼夜烦恼。正在这时，东吴提出与他们联姻，要将吴主孙权的妹妹嫁给刘备。孔明看出是计，决定将计就计，让赵云护同，把刘备送过江去结亲。由于孙夫人和吴国太不知孙权与周瑜的策谋，加上孔明神算，结果弄假成真，刘备与孙夫人喜结良缘。

一计未成，周瑜又生一计，想用华堂美色将刘备留在东吴，缠住不放，渐日与孔明、关、张等疏远，则荆州可图。

眼看到了年关，赵云忽然想起离开荆州时，军师给了他三个锦囊，在南徐开了一个，要他到年终开第二个，危急无路之时开第三个。于是忙拆开来看，原来如此神策。赵云当日便来见刘备，装作失惊的样子对刘备说道："今早孔明派人来报，说曹操要报赤壁之恨，率精兵五十万，杀奔荆州而来，情况十分危急，请主公这就回去。"

刘备于是入见孙夫人，声泪俱下，请夫人放他回荆州。孙夫人表示愿陪他回去，又怕孙权和国太那里不放，孙夫人说可以推称到江边祭祖，然后不告而去。

第二天，孙权听说刘备走了，急忙派人追赶。刘备一行一路颠簸，前有拦截，后有追赶。赵云这时拆开来第三个锦囊给刘备，刘备看了，忙到孙夫人车前哭告周瑜、孙权的阴谋，求夫人解难。

孙夫人听罢怒然说道："我兄既然不把我当做亲骨肉，我有什么面子再要去见他！"于是亲自出马，与赵云挡住前后四将追赶。

后面蒋钦、周泰追来，对前面四将道："奉吴侯之命，先杀他妹，后斩刘备。"于是一同追赶，又派二将回去飞报周瑜，叫入水路去赶。

刘备等到了岸边，追兵在后尘土冲天，危急之时忽见岸边抛着篷船二十只，子龙忙引刘备、孙夫人及五百军士上船。只见船舱中走出一人，羽扇纶巾，笑道："主公且喜，孔明在此等候多时了。"船中扮作客人的原来都是荆州水军。刘备大喜。不多时，后面四将追赶而来，孔明对岸上道："你等回去转告周郎，不要再使美人计了。"岸上乱箭射过来，船却早已开远了，四将只好呆看。

刘备与孔明正行之间，忽然江声大震，周瑜亲自带水军追来，快似流星。孔明叫停船上岸，车马登程。周瑜等也追上岸来，都是步行水军，只有为首官军骑马。

追到黄州界首，已望见刘备车马不远，正赶之间，只听一声鼓响，山谷内一队刀手拥出，为首一大将正是关羽关云长。两军杀出，吴军大败。周瑜等溃逃，急急下得船时，却听岸上军士齐声大喊道："周郎妙计安天下，赔了夫人又折兵！"周瑜大怒道："可再登岸决一死战！"众人忙劝住。他暗自思量道："我计没有成功，有什么脸面回去见吴侯，大叫一声，金疮迸裂，倒在船上，众将急救，却早已不省人事。正是：

两番弄巧反成拙，此时含嗔却带羞。

火烧赤壁

赤壁大战中，周瑜见孔明袭了南郡和荆襄，气怒之极。鲁肃说要去同刘备讲理，讲不成再动兵不迟，于是来到荆州。

孔明对鲁肃道："荆襄九郡并不是东吴的地盘，而是刘表的基业；我主刘备乃是刘表之弟。刘景升虽亡，他的儿子还在，刘备以叔叔的名义辅佐公子，有何不可？只要公子在一日，我们就要守一日。"

鲁肃认为若是公子在，倒是可以理解，但见公子刘琦大病在床，便说："如果公子不在了，又当怎样呢？"

孔明道："到时再作其他商议。"

鲁肃便回去了。

不久，公子刘琦病亡了。过了半月，鲁肃前来吊丧，商论荆州交割之事。

孔明变了脸色道："我主乃是皇室之后、刘表之弟，弟承兄业，有什么说不过去的？你主孙权只是钱塘小官的儿子，对朝廷一向没有什么功德，如今依仗势力已占据六郡八十一州，仍贪心不足，想要吞并汉朝的疆土。对于刘氏天下，我主姓刘倒没有份，你主孙权反要强争？赤壁之战，我主付出很多辛劳，众将个个拼了命，岂独是你江东出的力吗？要不是我借来东风，周郎怎能展半筹之功？江南一被破，别说二乔要被捉进铜雀台中，就是全家老小也难保存。子敬你是个

聪明人，用不着我多说，却为什么不好好想想呢?"

　　鲁肃被说得哑口无言，只怕回去无法向周瑜交差，两家又动起干戈来。孔明道："要是怕先生面子上不好看，可以立个文书，说我们暂借荆州，等取到西川，再将荆州还给东吴。"

　　鲁肃无奈，只好依了孔明。

　　周瑜一直想着要报仇，见荆州之事一拖再延，刘备说要取西川，只是不动兵，便上书孙权派鲁肃再去催。

　　这次孔明对鲁肃道："西川益州刘璋是我主之弟，都是汉朝骨肉，要是去夺他的城池，怕会遭天下耻笑。若要不取，还了荆州，又无处安身，真是两难。"刘备这时不由得捶胸顿足，放声大哭起来，请鲁肃能再容几时。

　　鲁肃是个宽厚的长者，见此情景，只得应允，回去禀告周瑜。

　　周瑜听了一跺脚，道："子敬又中诸葛亮之计!"便叫鲁肃去告诉刘备，由东吴出兵去取西川，作为孙权之妹的嫁资给他;叫刘备交还荆州。

　　鲁肃道："西川那么远，取它怕是不容易啊。"

　　周瑜道："子敬真是老糊涂了。你以为我真的会取了西川给他? 我只是以此为借口，实际上是要取荆州，且叫刘备没有提防。我们东吴兵收西川，路过荆州时，向刘备索要钱粮，刘备一定会出城劳军，那时我们就乘势杀了他，夺取荆州，雪我心头之恨。"

鲁肃一听大喜，便又往荆州来，告之刘备。

刘备拱手称谢道："这都是子敬好言出的力啊。雄师到来，我一定出城劳军。"孔明也道："吴侯真是好心！"鲁肃暗喜，宴后告辞。

孔明对刘备道："这叫'假途灭虢'之计。虚名收川，实取荆州。'攻其不备，出其不意'。这次周瑜到来，他即便不死，也将九分无气。"

却说周瑜率战舰密密地排在江上，向荆州而来。到了城下却不见动静。周瑜命军士叫门。这时忽然一声梆子响，城上军兵一齐竖起刀枪，赵云出来对周瑜道："都督之计已被我军师识破。我家主公与刘璋皆为汉室宗亲，不能背义而夺西川。"

周瑜一听，拨马便回，早被孔明四路人马围杀，喊声远近震动百余里，都要捉住周瑜。周瑜大叫一声，箭疮又裂，坠下马来。左右急忙救上船去。军士传话说："刘备、孔明在前面山顶上饮酒取乐。"周瑜大怒，咬牙切齿道："你以为我周瑜取不了西川，我发誓一定取下。"便下令催军队前进。

行到巴丘，孔明已派二将领军截住水路，并让人给周瑜递来一封书信，周瑜乔开看道：

"亮与公瑾自从柴桑一别，至今恋恋不忘。听说足下要取西川，亮认为不可。益州民强地险，完全能够自守。公瑾如今劳军远征，转运上万里路，要想收到全部功效，就是吴起、孙武也难以做到。曹操在赤壁一战失利，岂能不立志要随时报仇呢？现在足下率兵远征，倘若曹操趁虚而入，江南不就化成粉末了吗？亮不忍袖手旁观，特此告知于你，幸望三思。"

周瑜看罢，长叹一声，叫人取来纸笔，上书吴侯。

把众将聚到左右，说道："我并不是不想尽忠报国，无奈天命已绝。你们好好辅佐吴侯，共成大业。"说完，昏了过去。

周瑜再次醒过来时，仰天长叹一声："既生瑜，何生亮！"连叫数声而死，享年36岁。

周瑜

巧布八阵图

建安二十五年，曹操死于洛阳，年66岁，曹丕即位，废汉献帝，改年号为黄初元年。历史进入三国时期。

公元221年四月，刘备即帝位，立子刘禅为太子，诸葛亮为丞相，定该年为章武元年。六月，张飞被部下杀害。第二年六月，先主刘备因不听孔明之言，致使东吴大都督陆逊大破蜀军于彝陵等地，刘备退至白帝城（今四川奉节东），赵云引兵据守。

却说陆逊大获全胜，领得胜之兵又往西追。前面离夔关不远，陆逊在马上望见临江的山边有一阵杀气冲天而起，料定有埋伏，下令倒退十多里，又差人去哨探，回报并没有军队屯扎在那里。陆逊不信，登高一望，杀气又起，便令人再去打探。回报说前面确实并无一人一马。陆逊看到太阳快要落山，杀气更胜了，心中犹豫，让心腹之人再去探看。回报说：江边只有乱石八九十堆，

并无人马。陆逊大惑不解，命令找当地土著人来问。不久，找来几个人。陆逊问："是什么人把那些乱石堆在这里的？为什么乱石堆中会有杀气冲起？"

土人说："这个地方叫做鱼腹浦。诸葛亮入川的时候派兵在这里，用石头排成阵。从那以后，这里便常有气如云从中生起。"

陆逊听罢，便带十几个人来看石阵，立马在山坡之上，只见四面八方，全都有门有户。陆逊笑道："这不过是迷惑人的魔术罢了，有什么用呢？"于是便带着几个人纵马下山，一直进到石阵里来观看。陆逊手下的部将道："天快黑了，请都督早些回去吧。"

陆逊刚要出阵，忽然狂风大作，一霎间，飞沙走石，遮天盖地，只见怪石嵯峨，横沙立土，江声浪涌。陆逊大惊道："中了诸葛亮之计！"急忙想要返回时，却无路可走。

正惊疑之间，忽见一位长者出现在马前，笑着说道："将军想要出这个阵吗？"

陆逊道："请长者带我们出去。"

老人拄着拐杖慢慢往前走去，径直走出了石阵，并没有遇上阻碍，送到山坡上，陆逊问："长者是谁？"

老人答道："老夫乃是诸葛孔明的岳父黄承彦。当初小婿入川的时候，在这里布下了石阵，叫做'八阵图'。

反复八个门，按遁甲休、生、伤、杜、景、死、惊、开，每日每时，变化无端，托得上十万精兵。他临走时嘱咐我说：'今后要是有东吴大将迷困于阵中，不要带他出来。'老夫刚才在山上看见将军从死门而入，想你一定不识此阵，必会被困其中。老夫子生好善，不忍看将军陷在这里，因此特地从生门引你出来。"

陆逊问："公曾学过这个阵法吗？"

黄承彦道："变化无穷，无法学也。"陆逊慌忙下马拜谢，然后回去了。

张辽威震逍遥津

七擒孟获

建兴三年，益州探马飞报说："蛮王孟获大起蛮兵二万，侵犯蜀国边境进行掠夺。"

孔明入朝上奏后主："臣观南蛮不服，实在是国家之大患。臣要亲自率领大军前去征讨。"

公元225年五月，诸葛孔明率军渡泸水南征讨寇，七月至南中。

孔明了解到孟获不仅作战英勇，在当地少数民族中也很得人心，就是在汉族中也有一定威望，他决定攻心为上，收服孟获。

孟获虽然英勇，但不善用兵。第一次交战，孟获见蜀军败退，便不顾一切地追赶，结果闯入孔明布下的埋伏圈，被魏延活捉。

孟获认定自己要被处死，不料孔明竟亲自给他松绑，好言劝他归顺。孟获不服这次失败，倔强地加以拒绝。孔明并不勉强，好酒好菜招待他，之后放他回去。

众将都感到不理解，问孔明道："孟获是南蛮首领，抓住他就等于平定了南方，却为何要将他放了呢？"孔明笑笑，道："我擒孟获，就好比从口袋里取东西一样容易，但是，只有让他心服口服，南方才算是真正被平定了。"众将听了都不以为如此，因为像孟获这样的野蛮人是不会心服口服的。

孟获回去后重新调集人马与蜀军对抗，并重罚了作战不利的头领。却没想到自己在喝醉后，被手下两个头领绑了来献给孔明。

这一次孟获更加不服，说是被自己内部的人暗算，而不是被蜀军所获。孔明不仅不计较，反而还让孟获参观蜀军兵营的情况，然后又把他给放了。

孟获在蜀军兵营里看得很清楚，蜀军兵力并不雄厚，于是当晚便去偷袭，结果又中了孔明的算计，第三次被活捉，但孔明还是将他给放了回去。

孟获纠集了十万大军，决心与蜀军决一死战，但孔明却坚守营地，拒不出兵，气得孟获暴跳如雷。几天后，蜀军竟在一夜之间撤离，只留下空空的营地。孟获大喜，认为必定是蜀军国内有急情才匆匆撤退，于是挥师急追，没想到落入蜀军的包围，孟获再次被擒。他仍不服，孔

明又将他放掉。

　　这回孟获再也不蛮战了，跑到一个叫秃龙洞的险要之地躲起来负隅顽抗。蜀军这次历尽艰辛，但在当地土人的引导下，还是战胜了恶劣的自然条件，奇袭秃龙洞，第五次抓住了孟获。

　　之后，蜀军又分别战胜了孟获请来的各部族首领，大破怪兽兵，第六次擒住孟获。

　　第七次火烧藤甲兵，抓住孟获之后，孔明派人去对孟获说："诸葛丞相羞于与你见面了，叫再放你回去，再招人马来决斗胜负。"

水淹七军

　　孟获流着眼泪说："七擒七纵，自古以来没听说过。我虽然是边野之人，也懂得礼仪，难道真这般不知羞耻吗？"于是率兄弟妻子及各部族首领，一起跪拜在孔明面前，甘心情愿，永远归服，绝不再反。

上表伐中原

曹操死后，魏主曹丕在位七年，到蜀汉建兴四年，曹丕因寒疾不痊而薨，时年40岁，其孺子曹睿即位。同年，骠骑大将军司马懿上表大魏皇帝，要求镇守西凉等地，曹睿准奏，封司马懿为提督。

孔明听到报告不由大惊，司马懿深有谋略，必为蜀国大患。参军马谡对孔明道："司马懿虽然是魏国的大臣，但曹睿一向对他怀有戒心。我们不如派人秘密潜往洛阳等地，散布流言，说司马懿想要造反，借曹睿杀了他。"

孔明用了马谡之计。果然不久，曹睿中了马谡的反间计，只因疑心是吴蜀奸细所为，所以未杀司马懿，罚其削职回乡。

孔明闻听司马懿中计遭贬，大喜。第二天后主早朝，大会官僚。孔明上《出师表》欲北伐中原。表中道：

　　臣亮言：先帝创业未半，而中道崩殂；今天下三分，益州疲敝，此诚危急存亡之秋也。然侍卫之臣，不懈于内，忠志之士，忘身于外者，盖追先帝之殊遇，欲报之于陛下也。诚宜开张圣听，以光先帝遗德，恢弘志士之气，不宜妄自菲薄，引喻失义，以塞忠谏之路也。宫中府中，俱为一体，陟罚臧否，不宜异同。若有作奸犯科，及为忠善者，宜付有司，论其刑赏，以昭陛下平明之治，不宜偏私，使内外异法也。侍中、侍郎郭攸之、费祎、董允等，此皆良实，志虑忠纯，是以先帝简拔以遗陛下。愚以为宫中之事，事无大小，悉以咨之，然后施行，必得裨补阙漏，有所广益。将军向宠，性行淑均，晓畅军事，试用之于昔日，先帝称之曰“能”，是以众议举宠以为督。愚以为营中之事，事无大小，悉以咨之，必能使行阵和睦，优劣得所也。亲贤臣，远小人，此先汉所以兴隆也；亲小人，远贤臣，此后汉所以倾颓也。先帝在时，每与臣论此事，未尝不叹息痛恨于桓、灵也！侍中、尚书、长史、参军，此悉贞亮死节之臣也，愿陛下亲之、信之，则汉室之隆，可计日而待也。臣本布衣，躬耕于南阳，苟全性命于乱世，不求闻达于诸侯，先帝不以臣卑鄙，猥自枉屈，三顾臣于草庐之中，谘臣以当世之事，由是感激，遂许先帝以驱驰。后值倾覆，受任于败军之际，奉命于危难之间，尔来二十有一年矣。先帝知臣谨慎，故临崩寄臣以大事也。受命以来，夙夜忧虑，恐付托不效，以伤先帝之明，故五月渡泸，深入不毛。今南方已定，甲兵已足，当奖帅三军，北定中原，庶竭驽钝，攘除奸凶，兴复汉室，还于旧都，此臣所以报先帝而忠陛下之职分也。至于斟酌损益，进尽忠言，则攸之、祎、允之任也。愿陛下托臣以讨贼兴复之效，不效则治臣之罪，以告先帝之灵；若无兴复之言，则责攸之、祎、允等之咎，以彰其慢。陛下亦宜自谋，以谘诹善道，察纳雅言，深追先帝遗诏。臣不胜受恩感激！今当远离，临表涕零，不知所云。

后主看过表说道："相父南征，远涉艰难；刚刚回都，坐未安席，如今又要北征，恐怕会劳损神思。"

孔明说："臣受先帝托孤之重担，夙夜不曾有所懈怠。现在南方已经平定，可以没有内顾之忧了。不趁此时讨贼，恢复中原，又更等何时！"

　　这时班部中太史谯周走出来奏道："臣夜观天象，北方旺气正盛，未必能够取胜。"之后对孔明言道："丞相十分了解天文，为何强要去北伐呢？"

　　孔明说："天道变化无常，怎能过于拘谨固执？如今我将军马驻扎在汉中，观北魏的动静再做行动。"

　　于是，孔明留下内外文武一百多人，一同治理蜀中之事，自己点将出师。后主带领百官，一直送出成都北门外十多里路。孔明辞别后主，旌旗蔽野，戈戟如林，率军往汉中逶迤进发。

　　这一年，孔明得子，取名诸葛瞻。

《诸葛亮卧图》　明·朱瞻基

空城计

建兴六年春，诸葛亮率大军一出祁山（在今甘肃和县西北），以马谡为先锋督军。

孔明自出师以来，累获全胜，心中甚喜。一日正在祁山西城（今陕西安康北）会众议事，忽报魏主曹睿面诏司马懿，恢复官职，即将起兵平西。孔明大惊道："我所忧患者，就是司马懿这个人。"

由于马谡拒谏，致使战略重地街亭失守。孔明顿足长叹道："大势去矣！这都是我用人不当的过错啊！"于是密传号令，教大军暗暗收拾行装，以备启程退回汉中。又派心腹之人，分路去报告天水、南安、安定三郡的官军和百姓，全都撤入汉中地区。

孔明分拨已定，忽然十几次飞马来报说："司马懿引大军十五万，望西城这边蜂拥而来！"孔明这时身边没有别的大将，只是一班文官，所带的5 000军士已派出一半

先运粮草去了，只剩下2 500人在城中。众官员听到这个消息，全都大惊失色。孔明登城眺望，果然尘土冲天，魏兵分两路往西城杀来。孔明传令，教"将旗帜全部藏起来，诸军各守城铺，若有自行出入或高声讲话的，立即斩首！大开四面城门，每道门用20个军士，扮作百姓的样子，洒扫街道。魏兵来到的时候，不许擅自行动，我自有计策。"孔明仍身披鹤氅，头戴纶巾，领两个小童携一张古琴，来到城上敌楼前凭栏而坐，焚香操弦。

司马懿的大军前队来到城下，见到这般情景，全都不敢进城，急忙报告司马懿。司马懿不信，叫三军停住，

诸葛亮施空城计

亲自飞马过去，远远地观看，果然见孔明坐在城楼上，笑容可掬，焚香操琴。左边站着一个童子，手捧宝剑；右边站着一个童子，手执凤尾。城门内外，有二十来个百姓低头洒扫，旁若无人。司马懿一见心中大惑不

解，便来到中军，叫后军变前军，前军变后军，向北山退去。

司马懿的儿子司马昭道："说不定诸葛亮城中没有军，故意作出这种姿态？父亲为何就退兵了呢？"

司马懿道："诸葛亮平生谨慎，没有冒过险。今日大开城门，必有埋伏。我军若攻进城，一定会中他的计。所以应当速速退兵。你这小辈懂个什么？"

孔明见魏军走远了，大笑起来。众官无不惊骇，问孔明道："司马懿可是魏国名将，今日统率十五万精兵来到这里，一看见丞相掉头便走，这是为什么呢？"

孔明道："他料我平生谨慎，从不冒险行事，而今日这般大模大样，一定是城中藏有伏兵，所以就后退了。其实并不是我冒险，而是我迫不得已。他一定带军往北山小路去了，我已令兴、包二将在那里等候。"

众人听罢都惊异地叹服道："丞相玄机，神鬼莫测。要是依我们这些人的意见，早就弃城而逃了。"

孔明说："我们这里只有2 500军士，要是弃城而走，必不能走远，还不被司马懿给抓住？"说完拍手大笑，道："我要是司马懿，就不退兵。"然后下令叫西城百姓随军一同迁往汉中，"司马懿还会来的。"他说。

于是孔明便离开了西城，往汉中而去。

讨魏再上表

孔明一向喜爱马谡，但这次无奈，挥泪斩之，后写下《论斩马谡》、《街亭自贬疏》等文。

却说东吴派使臣到蜀中来致书，请求出兵共讨魏国，并述说东吴不久前大破曹军之事，一来，显示自己的威风，二者，表示与蜀国和好。后主大喜，令人持这份使书到汉中，报知孔明。

孔明如今兵强马壮，粮草丰足，所用之物，一切完备，正准备再次出师，收到后主书信，立即设宴大会诸侯。宴席间，忽然刮起一阵大风，竟将庭院前的一棵松树吹折了，众人都大吃一惊。忽报赵云将军昨夜病重而死。孔明大声道："子龙身故，国家损一栋梁，我失去了一只臂膀啊！"众将无不挥泪泣颜。孔明命子龙二子到成都去面见后主报丧。

后主听说赵云死，放声大哭，道："想当年，先父携民渡江，遭敌兵追截，朕尚年幼，要不是子龙将军单骑拼死相救，朕早就死在乱军之中了！"立即下诏，敕厚葬于成都锦屏山之东，建立庙堂，可四时享受祭祠。子龙二子谢辞而去。

后主身边的大臣这时上奏说："诸葛丞相将军马分拨已定，即日就将出师伐魏了。丞相派杨仪带《出师表》来到成都，呈交御览。"

后主接表拆开阅道：

> 先帝虑汉、贼不两立，王业不偏安，故托臣以讨贼也。以先帝之明，量臣之才，故知臣伐贼，才弱敌强也。然不伐贼，王业亦亡。惟坐而待亡，孰与伐之？是故托臣而弗疑也。臣受命之日，寝不安席，食不甘味。思惟北征，宜先入南，故五月渡泸，深入不毛，并日而食。臣非不自惜也，故王业不可偏安于蜀都，故冒危难以奉先帝之遗意。而议者谓为非计。今贼适疲于西，又务于东，兵法"乘劳"，此进趋之时也。谨陈其事如左：高帝明并日月，谋臣渊深，然涉险被创，危然后安，今陛下未及高帝，谋臣不如良、平，而欲以长策取胜，坐定天下。此臣之未解一也。刘繇、王朗，各据州郡，论

安言计，动引圣人，群疑满腹，众难塞胸，今岁不战，明年不征，使孙权坐大，遂并江东。此臣之未解二也。曹操智计，殊绝于人，其用兵也，仿佛孙、吴，然困于南阳，险于乌巢，危于祁连，逼于黎阳，几败北山，殆死潼关，然后伪定一时耳；况臣才弱，而欲以不危而定之。此臣之未解三也。曹操五攻昌霸不下，四越巢湖不成，任用李服而李服图之，委任夏侯而夏侯败亡，前帝每称操为能，犹有此失，况臣驽下，何能必胜？此臣之未解四也。自臣到汉中，中间期年耳，然丧赵云、阳群、马玉、阎芝、丁力、白寿、刘合、邓铜等，及驱长屯将七十余人，突将、无前、丛叟、青羌，散骑武骑一千余人。此皆数十年之内，所纠合四方之精锐，非一州之所有，若复数年，则损三分之二也，当何以图敌？此臣之未解五也。今民穷兵疲，而事不可息，事不可息，则住与行，劳费正等。而不及早图之，欲以一川之地与贼持久。此臣之未解六也。夫难平者，事也。昔先帝败军于楚，当此时，曹操拊手，谓天下已定。然后先帝东连吴、越，西取巴、蜀，举兵北征，夏侯授首，此操之失计而汉事将成也。

然后吴更违盟，关羽毁败，秭归蹉跌，曹丕称帝。凡事如是，难可逆料。臣鞠躬尽瘁，死而后已，至于成败利钝，非臣之明所能逆睹也。

后主看过表后非常高兴，便敕令孔明出师。孔明领命，起三十万精兵，令魏延率前部先锋，再度北伐。

冬，诸葛亮率军出散关（今陕西宝鸡县南），包围陈仓（宝鸡县东），攻二十多日未能破，粮尽而返。

诸葛亮智取汉中

造木牛流马

建兴九年二月，诸葛亮率大军攻魏，围祁山，大败司马懿于西城。六月，粮尽退兵。

为了解决军粮以便继续北伐，诸葛亮劝农讲武，令军在当地屯田，供应驻军粮草。

一日，长史杨仪报告说："如今粮米都存在剑阁，人力牛马搬运不方便，怎么办呢？"

孔明笑道："我已运筹谋划很久了。把以前所积存下来的木料，加上在西川收买下的大木，拿去教人制造木牛流马，非常方便。这些'牛马'全都不用饮水，可昼夜运输，非常轻便。"

众人听了很是惊奇，道："从古到今，从来没有听说什么木牛流马的事。不知丞相有什么妙法，能造出这般神奇之物？"

孔明说："我已经下令让人依照图样制作，还未完工。我现在先把木牛流马的原理，尺寸方圆、长短窄阔写下来，你们大家来看一下。"

众人大喜。孔明便在一张纸上写下，拿给众将观看。

众将看了一遍，都拜伏了，说道："丞相真是神人啊！"

过了几天，木牛流马造好了，竟像活的一样，上山下岭，都十分方便。众军见了，真是无不欢喜。

孔明命令右将军高翔带一千兵，驾着木牛流马，从剑阁直达祁山大寨，往来搬运粮草，供给蜀军之用。

却说司马懿正在愁闷，忽然哨马来报告说："蜀军用木牛流马转运粮草，人不大劳，牛马不食。"

司马懿大惊道："我之所以坚守而不出战，正是因为蜀军粮草接济不上，而等待他们自入绝境。如今他们使用这种办法，肯定是要长久作战之计，不打算退兵了。这可怎么办？"于是急忙叫来张虎等二将吩咐道："你们到斜谷小路边埋伏，等蜀军赶木牛流马过来，你们就从他后面杀出，抢他三五匹便回来。"二将领令而去。

夜间，侧军突然袭击蜀军的运粮队。蜀军措手不及，丢下几匹木牛流马。张虎等甚是欢喜，驱回本营寨。司马懿一看，果然和真的一样，高兴地说："他会用这种东西，难道我就不会用吗？"于是下令，找来一百多个能工巧匠，当着他的面把木牛流马拆开，吩咐他们依照尺寸，去造出一模一样的木牛流马来。

不到半个月，魏军竟造出了两千多只，和孔明所造的木牛流马果然相同，也能够奔走。于是，司马懿便命令镇远将军岑威带领一千军士，驱驾木牛流马，往陇西去搬运粮草，来回不断，魏营军士，无不欢喜。

却说高翔回来见孔明，说魏军把木牛流马各抢去了五六只。孔明笑道："我正是要他抢去。我只费了几匹木牛流马，不久却要得到他军中的许多资助呢。"

众将问道："丞相怎么知道？"

孔明说："司马懿见了木牛流马，一定会让人照样去做，那时我又别的计策对付他。"

几天后，有人来报说：确实魏兵也会造木牛流马，用来往陇西运粮草。"孔明大喜，说道："不出我所料。"

诸葛亮造木牛流马

便叫来王平吩咐说："你带一千士兵，扮成魏人，夜里偷偷越过北原，只对人说是巡粮军，混入敌人的运粮军中，把他们都杀散，把木牛流马赶回，直奔过北原来，这里一定会有魏兵赶到，你们便将牛马的舌头转过来，牛马就不能行动了，你们只管丢下牛马就走。魏兵赶到，牵拽不动，也扛抬不走。我们再有兵到，把木牛流马的舌头转过来，长驱大行，魏兵必然会疑心我们都是神怪，而不敢再追。"

王平受计而去。孔明接着又吩咐张嶷道："你带上五百军，都扮成六丁六甲的神兵，鬼头兽身，用五彩涂面，要作出各种怪异之状：一手举绣旗，一手拿宝剑，身上挂着葫芦，里面藏着烟火之物，埋伏在山边，等木牛流马来到时，就放起烟火一起拥出，赶牛马而行。魏人看见，一定认为是神鬼，不敢再追赶。"张嶷受计带兵走了。

孔明又唤魏延、姜维吩咐道："你二人一同带上一万士兵，到北原寨口去接应木牛流马。"二人遵令而去。

且说魏将岑威带军驱木牛流马载运粮草，正行之间，忽报前面有巡粮兵。岑威令人前去哨探，果然是魏兵，于是便放心地前进，两军合成一路。突然间喊声大震，蜀兵就在本队里杀起来，大呼："蜀中大将王平在此！"魏兵措手不及，被蜀兵杀死一大半。岑威领败兵抵抗，被王平一刀斩了，其他人都溃散而逃。王平引军驱木牛流马而回。

魏军败兵飞奔报告北原营寨。大将郭淮听说军粮被劫，急忙带兵来救。王平叫蜀兵扭转木牛流马舌头，全部丢弃在道上，边战边退。郭淮叫魏兵且不去追，只把木牛流马赶回去，却哪里驱得动？郭淮心中疑惑，正在无可奈何之际，忽然鼓角震天，喊声四面而起，有两路兵杀来，正是魏延和姜维。王平又带兵杀回，三路夹攻，郭淮大败而走。王平令军士将牛马舌头又扭转过来，驱赶而行。郭淮远远望见，刚想回兵再追，却见山后烟云突出，一队神兵拥出，个个手执旗剑，行态怪异，拥护木牛流马，如风而去。郭淮见状大惊道："这必是神助啊！魏兵无不惊畏，不敢再追。

诸葛亮智算华容

火烧上方谷

孔明率兵欲在祁山久驻，便命蜀军与当地魏民一起种粮，军一分，民两分，并不侵犯，魏民都安居乐业。

司马懿的儿子司马师对他父亲说："蜀军劫去我们许多粮米，现在又命令蜀军和我们魏民一起在渭水边上屯田，打算长驻，这样下去实在是国家的大患。父亲为什么不跟孔明约个时间大战一场，以决雌雄呢？"

司马懿道："我奉旨坚守，不能轻举妄动。"

正议论间，忽报蜀将魏延前来骂阵，司马懿只是不出战。魏延骂了半天，最后只得回寨。

孔明见司马懿不肯出兵，便密令马岱造木栅，在营中挖深沟，放了许多干柴和引火之物；周围山上，用柴草虚搭了许多窝铺，里外都埋下地雷。置备停当，孔明又对马岱密嘱道："要将葫芦谷后路切断，在谷中暗伏兵，若司马懿赶到，让他进谷，然后就把地雷和干柴一

起放起火来。"马岱领令而去。

孔明又令一班军士白天举着七星旗在谷中，夜晚设七星灯在山上，作为暗号。接着唤魏延道："你带五百军士到魏寨讨战，务必要让司马懿出战，但你不必取胜，只可诈败，司马懿一定会来追赶，你便往七星旗处而走，若是夜间，就往亮七星灯的地方去，要引司马懿进葫芦谷，到时我自有擒他之计。"魏延受计，带兵而去。

孔明又叫高翔吩咐说："你将木牛流马分二三十或四五十为一群，装上米粮，在山路上往来行走，如果被魏军抢了去，那就是你的功劳。"高翔领计而去。

孔明将驻扎在祁山的队伍都一一分派出去了，只留下屯田兵，对他们吩咐道："如果其他兵来战，你们只许假装打败，但要是司马懿亲自来了，你们才可以合力去攻打渭南，截断他的归路。"

孔明分拨已定，自己带上一军来到靠近上方谷的地方安下营寨。

且说夏侯惠、夏侯和二人进寨报告司马懿说："眼下，蜀军四散结营，各处屯田，以作久驻之计。要不趁早除掉他们，纵令他们安居时间长了，根深蒂固，就更难以动摇了。"

司马懿道："这一定又是孔明之计。"

夏侯二人道："都督要是这般疑虑，敌寇何时才能被消灭？我兄弟二人要奋力去决一死战，以报效国家。"

司马懿说："既然这样，你二人可分头出战。"于是命令夏侯惠、夏侯和各带五千兵去剿寇，自己则坐观回音。

夏侯惠、夏侯和带兵两路，正行之间，撞见蜀军赶木牛流马而来，二人便一起杀将过去，蜀军大败奔走，木牛流马全被魏兵抢获。第二天，魏军又抓到蜀兵人马一百多个，全部押往大寨，司马懿向蜀兵审问孔明虚实，然后便都放了回去。

孔明令高翔假装运粮，驱驾木牛流马，往来于上方谷内。夏侯惠、夏侯和等不时地去截杀，半月之间，魏军连胜几仗，司马懿心中欢喜。一日，又抓到几十个蜀兵，司马懿问孔明在哪里，蜀兵答道："丞相不在祁山大寨，在上方谷西边安营，令每日运粮屯往谷中。"

司马懿便叫来众将下令道："你们明日可合力齐攻祁山大寨，我亲自引兵去接应。"众将领

陆逊火烧连营

令，各准备出兵。

司马师道："父亲为何反要攻敌人后方呢?"

司马懿道："祁山乃是蜀人的根据地，若见我军攻打它，肯定都回来救它，这时我便去取上方谷，烧掉他的粮草，让他首尾不应，必然大败。"

司马师拜服。司马懿便发兵起行，令张虎等在后面救应。

孔明在山上，望见魏军或三五千一行，或一二千一行，队伍纷纷，前顾后盼，料他肯定是来取祁山大寨，便密传众将："若是司马懿亲自来了，你们就去攻魏寨，夺了渭南。"

魏兵都奔祁山大寨而来，蜀军从四下里一起呐喊奔出，虚作救应之势。司马懿见蜀军都去救祁山寨，便带两个儿子和中军护卫人马，杀奔上方谷来。

魏延在谷口，只盼司马懿来，忽见一队魏兵杀到，魏延纵马上前一看，正是司马懿。魏延大喝道："司马懿休走!"舞刀相迎，司马懿挺枪来战，不上三个回合，魏延拨马便走，司马懿随后跟来。魏延望七星旗处而走。司马懿见只有魏延一将，军马也少，便放心地追击，司马昭、司马师相随左右，一齐攻杀。

魏延带五百军都退进了上方谷。司马懿追到谷口，先令人进去哨探。回报说谷中并没有伏兵，山上全是草房。司马懿道："这里肯定是囤积粮草的地方。"于是大驱兵马，全部进入谷中。

司马懿这时忽见草房上尽是干柴，前面魏延已经不见了，心中不由犯疑，对两个儿子道："倘若有兵截断谷口，那可怎么办？"话音未落，只听喊声大震，从山上一齐抛下火把来，烧断了谷口，魏兵无路可逃。山上火箭射下，地雷一起突出，草房里干柴都着了，一时间火势冲天。司马懿惊得手足无措，跳下马抱住两个儿子大哭道："我父子三人都要死在这里了！"正哭着，忽然狂风大作，黑气漫天，一声霹雳，大雨倾盆。于是满谷的大火，全被浇灭，地雷不震，火器无功。司马懿大喜道："不趁此时杀出，更待何时！"立即引兵奋力杀出，张虎等也带兵前来接应，与司马懿合在一处，同归渭南大寨，不想寨栅已被蜀军夺去，郭维等正在浮桥上与蜀军接战，司马懿带军杀到，蜀军退去。司马懿烧断浮桥，占据北岸。

在祁山攻打蜀寨的魏兵听说司马懿大败，丢了渭南营寨，军心大乱。急退时，四面蜀军冲杀而来，魏军十伤八九，死有无数，残余的都奔过渭水逃生。

孔明在山上看见魏延引司马懿入谷，一霎间火光大起，心中甚喜，以为司马懿这次必死，没想到大雨从天而降，使司马父子死里逃生。孔明叹道："'谋事在人，成事在天。'不可强也！"

五丈原陨星

孔明旧病复发，心中昏乱。这天夜里，他扶病出帐，仰头观看天文，不禁十分惊慌，回到帐中对姜维道："我的生命已危在旦夕了！"

姜维道："丞相为何说这种话？"

孔明道："我看见三台星中，客星格外明亮，主星却十分幽暗。天象是这样，我的命运就可知了！"

姜维说："天象虽然如此，丞相却为何不用祈禳的办法挽救它呢？"

孔明说："我一向通晓祈禳的方法，但并不知道天意如何。你可带四十九个甲士，每人各执皂旗，身穿皂衣，环绕在大帐外边，我自己在帐内祈禳北斗星。如果七天之内主灯不灭，那我的寿命就能够增加十二年；但如果主灯灭了，我便是一定要死了。闲杂人等，不要放进来。一切需用的东西，只叫两个小童进出搬运。"姜维领命，自去准备。

　　时值八月中秋，这天夜晚，银河灿灿，玉露零零，旌旗不动，刁斗无声。姜维在大帐外面带领四十九人守护。孔明自己在帐中摆设香花等祭物，地上分布着七盏大灯，周围环绕着四十九盏小灯，最中央是一盏本命灯。

　　孔明拜祝道："亮生于乱世，本来宁愿终老于山野林泉，承蒙昭列皇帝三顾之恩，托孤之重，不敢不竭尽犬马之劳，誓讨国贼，不希望我的将星现在就坠落，阳寿终结。谨写下这一幅尺素，上告苍穹，伏拜以期望天意慈悲，俯垂以鉴听我肺腑衷言，延长我的谋算，使得我能上报君恩，下救百姓，克复旧物，将汉朝江山永远延续下去。不敢妄想以祈祷，实是出于情真意切。"拜祝完了，孔明就在帐中俯伏着，等待天明。

　　第二天，孔明依旧扶病处理军事，却不断地吐血。白天计议军

五丈原诸葛亮归天

颈大星汉丞相
归天　学古讯青

鞠躬尽瘁死而已的诸葛亮
JU GONG JIN CUI SI ER HOU YI DE ZHU GE LIANG

机，夜晚则步罡踏星。

却说司马懿在营中坚守，一天晚上忽然观察天象，不由大喜，对夏侯霸说道："我看到将星错位了，孔明肯定生了病，用不了多久就要死了。你带上一千军兵到五丈原去打探一下虚实，如果蜀人攘乱，不出来应战，那孔明就一定是患了重病，我们就将趁势攻打他们。"夏侯霸带兵去了。

孔明在大帐中祈星已经六天，见到主灯明亮，心中非常高兴。

姜维进帐来，看到孔明正披发执剑，踏罡步斗，压镇将星。这时忽然听得营寨外面有呐喊之声，姜维刚要叫人出去讯问，魏延突然飞步进来报告说："魏兵来了！"他脚步急快，将主灯扑灭。

孔明一见，丢下剑叹声道："死生有命，不可得而禳也！"

魏延惶恐万状，急忙伏在地上请罪。姜维愤怒之下，拔剑便要杀魏延。孔明阻止他道："这是我命中该绝，不是文长的过错。"

姜维收了剑。孔明吐了几口血，卧倒在床上，对魏延说道："司马懿料我有病，所以派人来探听虚实。你可立即出去迎敌。"

魏延领命，出帐上马，带兵将夏侯霸赶出大寨二十多里路才回来。孔明叫魏延回本营寨去把守。

姜维进帐，一直走到孔明床前问安。孔明道："我本想竭忠尽力，恢复中原，重兴汉室，无奈天意如此，我旦夕之间就要死了。我平生的所学，已著书二十四篇，共计十万四千一百一十二个字，内容有，关于八务、七戒、六恐、五惧之法，我察看了所有将领，没有人可以传授，惟独你一人。请千万不要轻慢忽视了它。"

姜维哭拜着接受了。

孔明又说："我有'连弩'之法，没有用过。它的方法是矢长八寸，一弓可以发出十支箭，都已画成图本。你可以根据图法去制造使用。"

姜维也拜受了。

孔明又说："蜀中各条道路，全都不必多忧，只是阴平地区，千万需要当心。这个地方险峻，时间久了肯定会出事。"

孔明接着又叫马岱进帐来，附在他耳边，低声传了一个密令，最后嘱咐道："我死以后，你可按计行事。"马岱领计出去了。

过了一会儿，杨仪进来，孔明把他叫到床前，给了他一个锦囊，秘密地嘱咐道："我死后，魏延一定会反；待他反时，你与他对阵，再打开这个锦囊，那时，自有杀魏延的人。"

孔明一一调度了，便昏了过去，一直到晚上才苏醒过来，连夜表奏后主。

后主闻奏大惊，急忙命尚书李福当晚就起程到军中去向孔明问安，并询问后事。李福日夜兼程来到五丈原，入帐见孔明，传后主之命。

问安过后，孔明流着眼泪说道："我不幸在大业未成的半途死去，虚废了国家大事，得罪于天下。我死以后，你们要尽忠尽力，辅佐后主。国家以前的制度不要改变，我所用过的人，也不可轻易废掉。我的用兵之法，都已传授给了姜维，他自会继承我的遗志，为国出力。我命将要终结，得立即给天子上奏遗表了。"

李福听完了孔明的话，便辞别，匆匆地赶了回去。

秋风五丈原

　　孔明强支病体起来，让左右的人扶他坐上小车，出寨到各营巡视，感到秋风吹面，彻骨生寒，长叹道："再也不能临阵讨贼了！悠悠苍天，到这里显得多么极远啊。"叹息了很久，回到帐中，病势更加沉重，便叫来杨仪吩咐道："马岱、王平、廖化、张翼、张嶷等，都是宁死尽忠之士，久经沙场，多负勤劳，完全可以委用。我死之后，凡事都要像过去那样依法而行，要慢慢退兵，不可过急。你深通谋略，不必我多嘱咐。姜维智勇兼备，可以决断我之后的事。"杨仪哭泣着受命。

　　孔明叫取来文房四宝，坐在病榻上手书遗表，以告后主。

　　孔明写完，又嘱咐杨仪道："我死之后，不要发丧。可做一个大龛箱，将我的尸体坐着放在龛中，在我口中放七粒米，脚下放一盏明灯。军中像平常那样安静，切不要举哀，则我的将星就不会坠落。我军可令后寨先行。然后一个营一个营地慢慢撤退。若是司马懿来追，你可以布成阵势，回旗返鼓与他对垒。等他来到时，就把我先前所雕的那座木像安在车上，推到两军阵前，令大小将士分列左右，一定会把司马懿给惊走。"杨仪一一领诺。

　　这晚，孔明让人将他扶出帐来，仰观北斗，他远远地指着一颗星说道："那更是我的将星。"众人看去，只

见其色昏暗，摇摇欲坠。孔明用剑指星，口中念咒。咒语念完，急忙回到帐中，不省人事。

众将正在慌乱之间，忽然尚书李福又来了，看到孔明昏厥，已不能讲话，便大哭起来道："我误了国家大事！"过了一会儿，孔明又醒了过来，睁开眼睛巡视众人，见李福站在床前，便说道："我已知先生复来之意。"

李福说道："我奉天子之命，请问丞相百年后，可任大事的人。上次因过于匆忙，忘了咨询，所以复来。"

孔明道："我死之后，可任大事的人，蒋公琰比较适宜。"

李福道："公琰之后，谁可继承？"

孔明道："费文伟可继承。"

李福又问："文伟之后，谁可继承？"

孔明不答。众将到近前来看，已经咽了气。

时建兴十二年八月二十三日，汉丞相诸葛亮病逝于军中，终年54岁。

这天夜里，天愁地惨，月色无光，孔明奄然归天。姜维、杨仪遵孔明之命，不敢举哀，依孔明遗嘱成殓，安置在龛中，令心腹将士三百人守护，然后传密令，各处营寨悄然无声，一一撤出。

却说司马懿以为孔明已死，探查到五丈原蜀营中已空无一人，便忙亲自引兵来追。到山脚下，见蜀军不远，更加奋力追之。这时忽然山后一声炮响，喊声大震，只见蜀军全部回旗返鼓，树影中飘出中军大旗，上面写着一行大字"汉丞相诸葛亮"。司马懿不由大惊失色，定睛看时，只见中军几十员上将，拥出一辆四轮车来，车上端坐着孔明，羽扇纶巾，鹤氅皂绦。司马懿大惊道："孔明还活着！我轻入重地，落进他的计中了！"急忙勒马往回跑。背后姜维大叫道："贼将休走，你中了我们丞相的计！"魏兵魂飞魄散，弃甲丢盔，抛戈撇戟，各逃性命，自相践踏，死者无数。

因此蜀中人有谚语道："死诸葛惊走活仲达。"

司马懿确信孔明已死，才又带兵追赶蜀军，走到赤岸坡，见蜀军已去远了，才引大军回去。一路上看到孔明安营扎寨之处，前后左右，整齐有法，司马懿叹道："真是天下奇才啊。"

却说姜维、杨仪排成阵势，缓缓退入栈阁道口，然后军队更衣发丧，扬幡举哀。蜀军都哭得跌跌撞撞，甚至有人哭死过去。

李福赶回成都，顿首泣奏丞相已亡，诉丞相遗言。后主闻之大哭不止，哀道："天丧我也！"哭倒在龙床之上，侍官将他扶入后宫。吴太后听说了，也放声大哭不已，文官武将无不恸哀，百姓人人涕泣。

却说孔明死后，魏延果然造反，杨仪令先锋何平引

125

兵到南谷讨之。何平出马大骂："反贼魏延在哪儿？丞相新亡，骨肉未寒，你就敢造反！又扬鞭指着魏延部下道："你等军士，都是西川之人，川中多有父母妻子，兄弟亲朋。丞相在时，不曾薄待你们，现在不可帮助反贼，宜各回家乡，听候赏赐。"众军一听，大喊一声，散去了大半，只有马岱所领的三百人不动。魏延大怒，挥刀纵马，直取何平。何平带军飞奔而去。

魏延、马岱带兵往南郑杀来，姜维挺枪立马于门旗之下，高声大骂："反贼魏延，丞相当初曾识你脑后有反骨，料你日后必反，每每想要杀你，却怜你英勇，所以姑且留用，不曾亏待于你，如今却果然造反。"

这时，杨仪在门旗影下拆开孔明留给他的锦囊，见上写如此如此。杨仪大喜，轻骑到阵前，手指魏延道：

煮酒论英雄

"你若是敢在马上连叫三声'谁敢杀我',就算你是真正的大丈夫,我就把汉中城池献给你。"

魏延大笑道:"这有何难!孔明在时,我尚怕三分;如今他已经死了,看天下谁能与我为敌?别说连叫三声,就是连叫三万声,又能怎么样?"于是当即便在马上大叫道:"谁敢杀我?"一声未叫完,脑后一人厉声应道:"我敢杀你!"手起刀落,斩魏延于马下。众人都惊骇不已,斩魏延者,乃是马岱。

原来,孔明临终之际授马岱以密计,只等魏延喊叫时,便出其不意斩他。

之后,杨仪等人便扶孔明灵柩回到成都,后主带文武官僚,全部挂孝,出城二十里迎接。后主放声大哭,上至公卿大夫,下至山林百姓,男女老幼,无不痛哭,哀声震地。后主命扶柩入城,停在丞相府中。孔明之子诸葛瞻守孝居丧。

杨仪入朝,呈上孔明遗表。后主阅后大哭,降旨卜地安葬。费文伟奏道:"丞相临终时,命就葬于定军山,不用墙垣砖石,也不用一份祭物。"

后主从之,择当年十月吉日,亲自送灵柩到定军山安葬,降旨封孔明谥号忠武侯。又令在沔阳建庙,四时享祭。